Os Fetos Anencéfalos
e
a Constituição Federal de 1988

*Cada época não apenas sonha a seguinte;
ao sonhá-la a faz despertar.*
Walter Benjamin

Dados Internacionais de Catalogação na Publicação (CIP)
(Câmara Brasileira do Livro, SP, Brasil)

Freitas, Patrícia Marques
    Os fetos anencéfalos e a Constituição Federal de 1988 / Patrícia Marques Freitas. -- 1. ed. -- São Paulo : Ícone, 2011.

    Bibliografia.
    ISBN 978-85-274-1163-9

    1. Aborto - Leis e legislação - Brasil 2. Bioética 3. Brasil - Constituição (1988) 4. Devido processo legal - Brasil 5. Dignidade humana 6. Direito à vida - Brasil 7. Direitos fundamentais 8. Feto - Anomalias - Aspectos genéticos 9. Fetos anencéfalos 10. Nascituro (Direito) I. Título.

10-13836   CDU-347.158:342.7(81)

Índices para catálogo sistemático:

1. Fetos anencéfalos : Direito fundamental à
    vida : Direitos humanos : Princípio
    constitucional : Direito constitucional
    347.158:342.7(81)

Patrícia Marques Freitas

Os Fetos Anencéfalos

e a Constituição Federal de 1988

1ª edição
Brasil – 2011

© Copyright 2011
   Ícone Editora Ltda.

Arte da capa
Márcio Guerra

Miolo e adaptação de capa
Richard Veiga

Revisão
Marsely De Marco Dantas

Proibida a reprodução total ou parcial desta obra, de qualquer forma ou meio eletrônico, mecânico, inclusive por meio de processos xerográficos, sem permissão expressa do editor (Lei nº 9.610/98).

Todos os direitos reservados à
ÍCONE EDITORA LTDA.
Rua Anhanguera, 56 – Barra Funda
CEP 01135-000 – São Paulo – SP
Tel./Fax.: (11) 3392-7771
www.iconeeditora.com.br
iconevendas@iconeeditora.com.br

Dedicatória

*Aos meus pais queridos,
Fernando Freitas e Nazaré Freitas,
pelo amor e confiança.*

Agradecimentos

A Deus que permitiu que este trabalho se concretizasse, aos queridos Professores Doutores Maria Celeste Cordeiro Leite Santos, Maria Garcia, Ives Gandra da Silva Martins, Marcio Pugliese, Maria Helena Pereira Franco e aos demais Professores da Pontifícia Universidade Católica pelo carinho e admiração adquiridos em suas aulas com conhecimentos valorosos, de quem absorvi sabedoria para as lições da vida.

Aos meus pais Fernando Freitas e Nazaré Freitas pela incansável dedicação.

Aos queridos irmãos Fernando Freitas e David Freitas pelo pronto auxílio, aos amados amigos do CEMPE e CEAC que vibraram positivamente para a realização deste intento.

Aos inesquecíveis amigos da PUC que compartilharam cada momento com alegria.

À Professora Dra. Roseli Nomura e funcionários do Hospital das Clínicas da Faculdade de Medicina da Universidade de São Paulo (HCFMUSP), que sempre me atenderam de maneira cordial.

Aos queridos Professores de Belém que torceram por esta conquista, em especial ao Professor Dr. Sandro Alex Simões pelos votos de confiança.

Finalmente, aos amigos e parentes de Belém e do Rio de Janeiro que se mantiveram a postos para a colaboração, desejando o sucesso fraternal.

Prefácio

O livro de Patrícia Marques Freitas corresponde à brilhante defesa de sua dissertação de Mestrado sobre o direito fundamental à vida dos fetos anencéfalos.

Participei de sua banca de exame e, ao lado de minhas colegas, Professoras Maria Celeste Cordeiro Leite Santos e Maria Helena Pereira Franco, decidimos outorgar-lhe a nota máxima, pela coragem, rigor técnico e clareza na exposição da temática, objeto, inclusive, da ADPF em curso na Suprema Corte.

A Constituição de 1988 sobre a inviolabilidade do direito à vida é mais clara e objetiva que a que lhe antecedeu. O artigo 5º "caput" da lei suprema declara que a inviolabilidade do próprio direito à vida é assegurada pela Lei Suprema e não apenas "os direitos concernentes à vida", sem manifestação clara quanto ao conteúdo dos mesmos.

O Brasil é signatário do Pacto de São José, que também não permite o aborto, em seu artigo 4º dedicado à inviolabilidade do direito à vida. Proíbe o aborto e admite a pena de morte apenas para os países que ainda a mantêm, vedando, todavia, que aqueles onde ela não existe, venham a adotá-la, ou que aqueles que a eliminarem, voltem a introduzi-la, no futuro.

O próprio Código Civil Brasileiro, no artigo 2º, declara que os direitos do nascituro estão assegurados desde a concepção.

A má formação do feto não justifica o homicídio legal, visto que nem a Lei Suprema, nem o Pacto de São José, nem a Lei Civil abrem exceções para tal tipo de aborto.

A tese é muito bem exposta, principiando por uma análise da Era dos Direitos Humanos e o devido processo legal, com particular exame da declaração universal dos direitos humanos.

A seguir cuida do Biodireito Constitucional e das novas fronteiras dos direitos humanos para refletir, por decorrência, sobre a ética como pressuposto da dignidade da pessoa humana. No exame da ética, enfrenta a formulação das mais diversas teorias, a fim de chegar a Bioética e ao Biopoder.

Só então medita sobre a questão fulcral do trabalho, ou seja, a vida como direito fundamental.

A autora conclui sua dissertação, estudando o caso dos bebês anencéfalos que, de rigor, têm como deficiência o tubo neural não desenvolvido, assim como o papel da Suprema Corte ao enfrentar a questão, não deixando de afastar todos os argumentos levantados na Ação de Descumprimento de Preceito Fundamental para permitir o homicídio legalizado de anencéfalos.

Nas suas considerações finais, coloca-se, de forma inatacável, como defensora do direito à vida no plano jurídico, no plano ético e no plano biomédico, sendo seu trabalho uma estupenda contribuição ao assunto tão maltratado pela mídia, em geral preconceituosa em relação a tema que pretende vincular a posturas religiosas. Neste ponto, inclusive, distingue bem o que é o Estado laico do que se pretende apresentá-lo, como um Estado Ateu. No Estado laico, pessoas que acreditam em Deus têm os mesmos direitos e não podem ser discriminadas apenas porque acreditam num Criador.

Neste particular enfrenta com coragem a temática, mostrando que a questão dos bebês anencéfalos é, rigorosamente, uma questão jurídica, científica e ética, devendo, pois, ser tratada nestes planos.

Como um dos autores da Lei 9.882/99 (Ação de Descumprimento de Preceito Fundamental) – juntamente com Arnoldo Wald, Celso Bastos, Oscar Corrêa e Gilmar Mendes, jamais entendi como uma ação concebida para ser um instrumento destinado a proteger um direito fundamental – a vida – possa ser utilizada exatamente para violá-lo.

Espero extensa carreira ao belo livro escrito por Patrícia Marques Freitas, que, pela qualidade do que contém, possui todas as qualidades para justificar minhas expectativas.

Ives Gandra da Silva Martins[1]

---

[1] Professor Emérito das Universidades Mackenzie, UNIP, UNIFIEO, UNIFMU, do CIEE/O ESTADO DE SÃO PAULO, das Escolas de Comando e Estado-Maior do Exército – ECEME e Superior de Guerra – ESG; Professor Honorário das Universidades Austral (Argentina), San Martin de Porres (Peru) e Vasili Goldis (Romênia); Doutor Honoris Causa da Universidade de Craiova (Romênia) e Catedrático da Universidade do Minho (Portugal); Presidente do Conselho Superior de Direito da FECOMERCIO-SP; Fundador e Presidente Honorário do Centro de Extensão Universitária.

Sumário

INTRODUÇÃO, 15

Capítulo 1
A ERA DOS DIREITOS HUMANOS E O DEVIDO PROCESSO LEGAL, 19

1.1. A afirmação histórica dos direitos humanos em paralelo ao desenvolvimento tecnológico e científico, **19**

1.2. A Magna Carta e o princípio do devido processo legal, **22**

1.3. Declaração universal dos direitos dos homens, **31**

1.4. Direitos à saúde e à vida das mulheres, **35**

Capítulo 2
BIODIREITO CONSTITUCIONAL: A NOVA FRONTEIRA DOS DIREITOS HUMANOS, 39

2.1. Constitucionalismo do século XXI: a necessidade do equilíbrio ético, **39**

2.2. A dignidade humana como princípio fundamental do estado brasileiro, **44**

2.3. Biodireito constitucional, **47**

Capítulo 3
A ÉTICA COMO PRESSUPOSTO DA DIGNIDADE
DA PESSOA HUMANA, 50

    3.1. Da ética à bioética, 50
        3.1.1. A ética como limite da ciência, 50
        3.1.2. Teorias éticas, 52
        3.1.3. Bioética, 56

    3.2. Biopoder, 58

Capítulo 4
A VIDA COMO DIREITO FUNDAMENTAL, 60

    4.1. O abortamento, 60
        4.1.1. Aspecto jurídico, 64
        4.1.2. A proteção jurídica do exercício do direito à vida, 68

    4.2. O bebê anencéfalo, 70
        4.2.1. Aspecto científico, 70
        4.2.2. Caso marcela de jesus, 74

Capítulo 5
OS TRIBUNAIS E O CASO DOS BEBÊS ANENCÉFALOS, 76

    5.1. Jurisprudência, 76
        5.1.1. Argumentos favoráveis ao abortamento dos fetos anencéfalos, 78
        5.1.2. Argumentos contrários ao abortamento de fetos anencéfalos, 79
        5.1.3. O princípio do devido processo legal na defesa do anencéfalo, 80

    5.2. Críticas, 84

Capítulo 6
STF: O GUARDIÃO DA CONSTITUIÇÃO, 92

    6.1. ADPF nº 54, 92
        6.1.1. Antecipação terapêutica do parto como sinônimo de aborto, 93
        6.1.2. A inviabilidade do feto como critério da ética utilitarista, 94
        6.1.3. O princípio de dignidade da mãe em oposição à do feto anencéfalo, 95

6.2. Audiência pública para julgamento do mérito do caso dos bebês anencéfalos e o voto do ministro Marco Aurélio, **99**
    6.2.1. O estado brasileiro como um ente laico, **102**
    6.2.2. Da não equiparação da anencefalia à morte encefálica para efeitos de transplante de órgãos, **104**

6.3. Anteprojeto do Código Penal e Projeto de Lei nº 4.403/2004, **109**

CONSIDERAÇÕES FINAIS, 110

REFERÊNCIAS BIBLIOGRÁFICAS, 113

Anexo 1
RESOLUÇÃO CFM Nº 1.752/04, 119

Anexo 2
PARECER Nº 3358/CF, 122

Introdução

A prática e mesmo a autorização do abortamento no Brasil é determinada como infração legal, cabendo tanto à mãe quanto à pessoa que o provoca as respectivas sanções penais. Contudo, em caso de feto anencéfalo, ou seja, portador de deficiência de fechamento do tubo neural, uma vez que seu cérebro ou parte dele não se forma, muitos juízes vêm concedendo autorização para que a interrupção da gravidez seja legalmente realizada.

Os avanços trazidos pela biotecnologia permitiram ao homem vislumbrar possibilidades inimagináveis pela ciência de outrora. A tecnologia atual admite, portanto, prodígios científicos como a clonagem, por exemplo. Assim, na questão da medicina fetal as melhorias são tantas que se pode acompanhar todo o desenvolvimento do bebê, desde seu estágio embrionário até seu crescimento no ventre materno.

Não há dúvidas do grande benefício que esses novos métodos tecnológicos podem proporcionar à saúde do ser humano. Contudo, quando a partir dessas técnicas inovadoras, a mãe e o próprio médico percebem que o feto apresenta alguma deformação e no caso da anencefalia, irreversível, isso coloca o homem frente a um dilema ético: manter a criança viva ou privá-la desse direito sob a alegação do sofrimento materno.

O problema da gestação de bebês anencéfalos foi levado até o Supremo Tribunal Federal pela Arguição de Descumprimento de Preceito Fundamental de número 54 no ano de 2004. O Ministro Marco Aurélio concedeu liminar favorável à interrupção da gravidez, contudo, cassada pelos demais Ministros. Apesar do tratamento dado pelo STF ao tema, as permissões judiciais continuam a ser dadas a favor do abortamento.

No ano de 2008, o tema dos anencéfalos volta à baila das discussões constantes do STF. Assim, quatro anos depois da impetração da ADPF acima mencionada, o mérito da ação ainda será julgado pela Corte Suprema. Para tanto, foi realizada audiência pública dividida em quatro sessões, contando com a participação da sociedade civil organizada, médicos e representantes religiosos.

Ademais, diversos projetos de lei vêm sendo propostos às Câmaras legislativas com o fulcro de incluir no ordenamento jurídico pátrio, cláusula que permita o aborto de fetos anencéfalos, sendo entendida como excludente de ilicitude.

Nesse sentido, diante de tal contexto é que a presente obra tem por finalidade propor o cabimento do princípio do devido processo legal como meio de defesa do feto, ou seja, dando-lhe o direito de ser representado em ação judicial que decida sobre a manutenção de sua vida, e não simplesmente eliminado mediante a modificação do Código Penal ou decisão do Supremo Tribunal que vincula *erga omnes* (contra todos), em clara afronta a não violação do direito à vida, constitucionalmente garantido.

A problemática que se apresenta é a de que as permissões judiciais para a interrupção da gravidez estão sendo dadas, assim como o STF se manifestará autorizando ou não o abortamento, mas questiona-se: será que no caso dos fetos anencéfalos não caberia a manutenção do direito de defesa mediante a aplicação do princípio do devido processo legal, considerando-se para tanto o princípio da dignidade da pessoa humana e o primado do exercício do direito à vida?

O tema do abortamento esteve muito presente na mídia, uma vez que há a tentativa de legalizá-lo. Longe de ser um assunto encerrado é, ao contrário, bastante polêmico, envolvendo diversos setores da sociedade. Daí porque o presente trabalho caracteriza-se por seu aspecto interdisciplinar, pois além de se tratar de matéria de Direito Constitucional, visto que vai de encontro à proteção do direito à vida, o tema aqui proposto, qual seja, a utilização do princípio do devido processo legal na defesa dos fetos anencéfalos, envolve ainda aspectos das disciplinas da Filosofia, Sociologia, Biologia, Medicina, Psicologia, Direitos Humanos, Biodireito e, principalmente, da Bioética.

Assim, no que diz respeito ao devido processo legal, o Dicionário Jurídico Brasileiro Acquaviva o conceitua como o princípio constitucional que garante ao indivíduo ser processado nos termos de normas jurídicas anteriores ao fato que motiva o processo. Segundo o princípio do devido processo legal, qualquer tipo de privação que atinja os bens de uma pessoa ou sua liberdade deve estar sujeito ao discernimento do Poder Judiciário, que atuará mediante juiz natural, em processo contraditório que assegure às partes ampla defesa.[2]

No Dicionário Jurídico de Maria Helena Diniz, o conceito de devido processo legal não diverge do acima exposto, pois é afirmado como um princípio constitucional que visa assegurar ao indivíduo o direito de ser processado nos termos legais, incluindo desse modo, a garantia ao contraditório, à ampla defesa e ao julgamento imparcial.[3]

A Constituição Federal brasileira de 1988 trata do assunto no artigo 5º, incisos LIV: "ninguém será privado da liberdade ou de seus bens sem o devido processo legal"; e, LV: "aos litigantes, em processo judicial ou administrativo, e aos acusados em geral são assegurados o contraditório e a ampla defesa, com os meios e recursos a ela inerentes".[4]

Na situação a que se aplica aqui o princípio do devido processo legal, considera-se também o aspecto material que lhe é inerente. De forma genérica o princípio do *due process of law* abarca a defesa da vida, da liberdade e da propriedade, ou seja, tutelam-se os bens da vida no sentido mais amplo e genérico. Portanto, nesse propósito é que se busca propor a defesa do feto anencéfalo por intermédio do princípio do devido processo legal, que se apresenta como postulado constitucional fundamental do processo civil.

Para José Afonso da Silva será na Idade Média que aparecem os antecedentes mais relacionados às declarações de direitos. Teria contribuído para a formação dessas primeiras noções a teoria do direito natural que condicionou o aparecimento do princípio das leis fundamentais do Reino, limitadoras do poder do monarca, bem como os princípios advindos do humanismo.[5]

O devido processo legal surge, então, da necessidade de se proteger os direitos da propriedade privada, uma forma de frear os abusos das autorida-

---

[2] ACQUAVIVA, Marcus Cláudio. **Dicionário Jurídico Brasileiro Acquaviva**. 11ª ed. São Paulo: Editora Jurídica Brasileira, 2000, p. 491.

[3] DINIZ, Maria Helena. **Dicionário Jurídico**. 2ª ed. São Paulo: Saraiva, 2005, p. 145.

[4] BRASIL. Constituição (1988). Constituição da República Federativa do Brasil: promulgada em 5 de outubro de 1988: atualizada até a Emenda Constitucional nº 52, de 08-03-2006. **Vade Mecum**. 2ª ed. São Paulo: Saraiva, 2006, p. 7.

[5] SILVA, José Afonso da. **Curso de Direito Constitucional Positivo**. 17ª ed. São Paulo: Malheiros Editores, 2000, p. 155.

des. Este princípio demonstra o despontar de uma nascente liberdade e com ela os fundamentos de uma ordem jurídica democrática. Ao longo do tempo, a doutrina e a jurisprudência foram emprestando à interpretação do princípio do devido processo legal sentido mais alargado, com o fulcro de permitir uma melhor defesa dos direitos fundamentais dispostos na Constituição Federal.

Celso Lafer, tratando do assunto dos direitos humanos, afirma que seu pressuposto vem a ser o valor da dignidade humana. Para ele, esse valor tem suas origens em doutrinas religiosas e filosóficas como o cristianismo e o estoicismo e na própria doutrina do direito natural.[6]

Cita como pioneiros os enunciados da Declaração dos Direitos do Homem e do Cidadão de 1789 da França, entendendo que o ponto de partida da elaboração dos direitos humanos é o princípio republicano da igualdade e o seu corolário, o princípio da não discriminação.

Um ponto interessante abordado por Celso Lafer é o que diz respeito à dicotomia inclusão-exclusão, segundo a qual um dos objetivos dos direitos humanos é o de proteger os mais fracos. Isso explicaria então a tutela dos deficientes físicos, crianças, idosos, e porque não dos fetos?

O imperativo de defesa dos direitos humanos tornou-se universal com o passar dos anos. Um dos acontecimentos marcantes na história da humanidade que trouxeram à tona o caráter internacional dos direitos humanos foi o Holocausto. Os horrores engendrados por esse evento ainda tornaram evidente o questionamento sobre a ética na ciência.

É de conhecimento geral o tratamento desumano, ao qual os judeus e ciganos foram submetidos durante a Segunda Guerra Mundial, mas talvez o mais aviltante tenha sido o fato de serem utilizados como cobaias, ou melhor, ratos de laboratório pelos médicos alemães para a pesquisa científica.

O cenário científico-tecnológico atual está diferente, porém os questionamentos éticos perduram. Se antes o controle político no regime totalitário alemão – através de parâmetros preconceituosos – buscou dizimar um grupo étnico-religioso, hoje, em uma sociedade de consumo massificada que sofre da crise de valores éticos e que tenta viver sobre a busca incessante da satisfação do "ter", começa a relativizar um dos direitos essenciais ao homem protegido pela Constituição Federal de 1988: o direito à vida.

---

[6] LAFER, Celso. Variações sobre os direitos humanos. **O Estado de S. Paulo**, São Paulo, 18 mar. 2007, p. A2.

Capítulo 1

A ERA DOS DIREITOS HUMANOS E O DEVIDO PROCESSO LEGAL

1.1. A AFIRMAÇÃO HISTÓRICA DOS DIREITOS HUMANOS EM PARALELO AO DESENVOLVIMENTO TECNOLÓGICO E CIENTÍFICO

> *Um edifício cinzento e acachapado, de trinta e quatro andares apenas. Acima da entrada principal, as palavras CENTRO DE INCUBAÇÃO E CONDICIONAMENTO DE LONDRES CENTRAL e, num escudo, o lema do Estado Mundial: COMUNIDADE, IDENTIDADE, ESTABILIDADE. A enorme sala do andar térreo dava para o norte.*
>
> *Apesar do verão que reinava para além das vidraças, apesar do calor tropical da própria sala, era fria e crua a*

> *luz tênue que entrava pelas janelas, procurando, faminta, algum manequim coberto de roupagem, algum vulto acadêmico pálido e arrepiado, mas só encontrando o vidro, o níquel e a porcelana de brilho glacial de um laboratório. À algidez hibernal respondia a algidez hibernal. As blusas dos trabalhadores eram brancas, suas mãos estavam revestidas de luvas de borracha pálida, de tonalidade cadavérica. A luz era gelada, morta, espectral. Somente dos cilindros amarelos dos microscópios lhe vinha um pouco de substância rica e viva, que se esparramava como manteiga ao longo dos tubos reluzentes.*
>
> *— E isto – disse o Diretor, abrindo a porta – é a Sala de Fecundação.*[7]

Com esta descrição de um laboratório fictício, Huxley antevia, já na primeira metade do século XX, a realidade científica na qual o mundo se encontra imerso atualmente. Isso devido ao desenvolvimento espetacular promovido pelas descobertas científicas, notadamente, no campo da engenharia genética.

A verdade é que até 2010, o planeta assistiu um avanço tecnológico sem precedentes no ramo da biotecnologia. Assim, têm-se a fecundação *in vitro* (o que torna "O admirável mundo novo" não tão fantástico), a pesquisa com células-tronco embrionárias, os alimentos transgênicos (geneticamente modificados), a clonagem humana, além de tantas outras novas possibilidades científicas.

O Direito, que acompanha a sociedade humana desde sua origem mais remota observa este admirável mundo novo e se questiona absorto, sobre quais delimitações deverá atribuir às pesquisas científicas e suas consequências perante a sociedade que protege.

No que diz respeito ao caso dos bebês anencéfalos, esse assunto também se insere no quadro de dúvidas e incertezas que se aproximam do campo jurídico atual. Isso é assim, porque há bem pouco tempo atrás não era possível sequer saber o sexo do feto no estado intrauterino, porém, com os avanços inquestionáveis no ramo da Fetologia (área específica da Medicina que estuda

---

[7] HUXLEY, Aldous. **Admirável Mundo Novo**; trad. Lino Vallandro e Vidal Serrano. 2ª ed. São Paulo: Globo, 2003, pp. 1 e 2.

a vida dos fetos), o diagnóstico de um bebê anencéfalo é feito no momento em que ele se encontra em desenvolvimento no ventre materno.

Dessa forma, o que fazer diante de tal situação, uma vez que várias são as implicações? Tanto para a mãe e seus familiares que se veem diante de uma gravidez transformada em um motivo de tristeza, quanto para o bebê que tem o direito constitucionalmente garantido à vida. Contudo, ele pode ser considerado um ser humano?

Não caberá ao Direito, entretanto, a definição de conceitos como vida, morte, ser humano. Estes são nomes que emprestamos da Biologia, da Medicina, portanto, a ciência é responsável por dar significado a essas acepções. Da mesma forma, não é incumbência da Medicina, tampouco da ciência de um modo geral, definir os contornos de proteção que a Constituição dará aos seus cidadãos. Assim, à ciência jurídica compete regulamentar as ações humanas de modo que todos possam estar resguardados em seus direitos.

No mesmo sentido se pronuncia a magistrada alemã, Jutta Limbach, que já ocupou o cargo de Presidente do Tribunal Constitucional Federal da Alemanha: "A ciência do Direito não é competente para responder a questão a respeito de quando começa a vida humana"; e complementa, "as ciências naturais, em virtude de seu conhecimento, não estão em condições de responder a questão sobre a partir de quando a vida humana deve ser colocada sob a proteção da Constituição".[8]

O presente trabalho, por sua vez, parte da premissa de que o feto anencéfalo encontra-se vivo no ventre materno, utilizando-se para tanto de estudos científicos realizados por médicos especialistas em Medicina Fetal, que serão posteriormente apresentados.

A partir dessa última consideração é que se convocam princípios e direitos constantes do ordenamento jurídico pátrio na defesa do bebê que sofre de anencefalia. Dentre eles, podem ser destacados a inviolabilidade do direito à vida (art. 5º, *caput*, CF), o princípio da dignidade da pessoa humana (art. 4º, III, CF), o princípio do devido processo legal (art. 5º, LIV e LV, CF) e o da prevalência dos direitos humanos (art. 4º, II, CF), todos constantes no Texto Constitucional brasileiro.

---

[8] LIMBACH, Jutta. Mensch ohne Makel: FAZ nº 47 de 25.02.2005, p. 51 *apud* BÖCKENFÖRDE, Ernst-Wolfgang. Dignidade humana como princípio normativo: os direitos fundamentais no debate bioético. *In*: SARLET, Ingo Wolfgang; LEITE, George Salomão. **Direitos Fundamentais e Biotecnologia**. São Paulo: Método, 2008, p. 63.

Atualmente, a Constituição brasileira exibe uma série de princípios e garantias que nem sempre fizeram parte sequer da ideia de direitos que competiam aos homens. A afirmação dos Direitos Humanos em um documento legal constituiu-se, antes de mais nada, em uma conquista histórica, sendo tais direitos absorvidos pelo patrimônio jurídico da humanidade a preço de muitas batalhas.

Com isso, procura-se demonstrar a evolução histórica destes direitos e como eles, ainda neste processo de desenvolvimento, devem ser considerados sempre que a ciência, projetando-se a passos largos, acabar por interferir na sociedade.

1.2. A MAGNA CARTA E O PRINCÍPIO DO DEVIDO PROCESSO LEGAL

Segundo o magistério de José Afonso da Silva, a sociedade gentílica se caracterizava pela divisão comum de bens, ou seja, estes pertenciam de igual modo a todos. Assim, não havia subordinação política, uma vez que não existia um poder dominante, a opressão exercida pela natureza é que representava a opressão ao homem primitivo.[9]

A partir do surgimento do modelo de apropriação privada da terra, instala-se, como consequência, o sistema social de dependência no qual o detentor da terra passa a subjugar aqueles que dela necessitem. Sendo assim, de acordo com José Afonso da Silva, "o Estado, então, se forma como aparato necessário para sustentar esse sistema de dominação".[10]

Nesse momento, a opressão da natureza dá lugar àquela imposta pelo poder político e social que homens exercem uns sobre os outros. Desde então, a história da humanidade está calcada sobre lutas para garantir direitos básicos frente a regimes políticos autoritários e, muitas vezes, arbitrários.

Ao longo dessa evolução histórica pela conquista dos direitos humanos, algumas requisições se destacam como antecedentes do que viriam a ser as

---

[9] SILVA, José Afonso da. **Curso de Direito Constitucional Positivo**. 17ª ed. São Paulo: Malheiros Editores, 2000, p. 154.

[10] Op. cit, p. 154.

declarações de direitos, dentre as quais, pode-se destacar o veto do tribuno da plebe contra ações injustas dos patrícios em Roma.

Roma pode ser entendida como uma confederação de famílias patriarcais obedientes a um rei conhecido como o *"pater famílias* maior". Esta cidade possuía características muito próximas das demais urbes antigas, dentre elas o culto aos antepassados. Vale ressaltar que na medida em que formavam cidades, as famílias não abdicavam de seu direito próprio ou privado.[11]

Assim, para ressalvar seus direitos e evitar que as determinações do rei provocassem abusos, foi instituído o Senado, sendo uma assembleia constituída pelos grandes chefes de famílias romanas ou patrícios.

Além disso, a autoridade paterna também sofria certas restrições. Isso porque apesar de o pai ser o magistrado do lar, suas decisões levavam em conta a crença professada pela família. Desse modo, seu poder não era arbitrário, ou seja, única e exclusivamente imposto pela força.

Contudo, na medida em que a plebe passa a reivindicar seu papel na sociedade, o direito antigo sofre diversas alterações. A luta por tais direitos deu-se com as revoltas dos plebeus, que fizeram com que o *pater* romano perdesse seu poder de comando. Além disso, o surgimento das cidades tornou as relações cada vez mais complexas.

Com isso, no ano de 493 a.C., a plebe revoltosa abandonou Roma, estabelecendo-se no Monte Sagrado, com o intuito de se omitir para assim abater a nobreza. Havia um Cônsul chamado Menênio Agripa que persuadiu a plebe a retornar. Em troca o Senado confere aos plebeus o cargo de tribuno ou juiz especial: o tribuno da plebe, que detinha inviolabilidade em sua pessoa e domicílio.[12]

---

[11] DE CICCO, Cláudio. **História do Pensamento Jurídico e da Filosofia do Direito**. São Paulo: Saraiva, 2006, p. 24: "O *pater* era a suprema autoridade na família, por ser o sacerdote desse culto; o Estado romano respeitava sua autoridade de juiz dos membros da família. Respeitava, ainda, o direito de propriedade de cada família sobre o terreno em que construía casa, residência dos vivos, altar dos antepassados da família. Não interferia quando o primogênito assumia o cargo deixado vacante pela morte do pai, e não lhe impugnava a função de árbitro nas questões familiares. Por outro lado, a associação de famílias para construir a cidade tinha dado origem a relações novas, extradomiciliares, reguladas pelo direito da cidade (*jus publicum*). Mas isso não significava um conflito de leis: o direito privado e o público tinham sua esfera determinada de jurisdição."

[12] Op. cit, p. 26.

Todavia, os plebeus não faziam parte das famílias patriarcais que deram origem a Roma e sua presença tornou as relações da urbe mais complexas, embora o poder permanecesse nas mãos dos patrícios. A fim de sanar os conflitos, o direito civil romano estabeleceu normas que deveriam ser seguidas por todos. Desse modo, como os plebeus eram alheios às crenças dos patrícios, as leis estavam independentes da religião doméstica que regulava o pátrio poder.

A partir das exigências de maior participação política e a cobrança pela igualdade civil por parte da população plebeia é que se instaura a Lei das Doze Tábuas, difundindo o conhecimento do direito a todos, ou seja, tornando-o público. As leis privadas, advindas dos cultos religiosos das famílias dos patrícios não eram mais aceitas. Entendia-se, portanto, que o Estado seria o concessor dos direitos individuais.[13]

O direito civil romano era conhecido por *jus civile*, o que corresponde ao nosso atual direito positivo. Desde o direito romano pode ser verificada a clássica distinção entre direito natural e direito positivo, este representado pelo *jus civile*, enquanto que aquele era tido pelo *jus gentium*. Norberto Bobbio declara que toda a tradição do pensamento jurídico ocidental é permeada pela diferenciação entre direito positivo e direito natural.[14]

Já na era medieval, a Inglaterra do século XII estava marcada pelo comando dos reis sobre os barões, contudo, com o início do reinado de João Sem-Terra este poder foi se enfraquecendo. Isso ocorreu em função da vitória do rei francês, Filipe Augusto, sobre o ducado da Normandia. A partir de então o rei da Inglaterra aumenta sobremaneira a carga tributária cobrada da nobreza, a fim de financiar suas investidas na guerra. Em resposta à atitude real, os nobres começaram a exigir o reconhecimento formal de seus direitos.[15] Ainda para agravar a situação, o rei João Sem-Terra entra em conflito

---

[13] Op. cit, pp. 26 e 27.

[14] BOBBIO, Norberto. **O Positivismo Jurídico: lições de filosofia do direito**. São Paulo: Ícone, 2006, p. 15, ainda sobre a distinção, Bobbio ao citar uma passagem entende que: "nesta passagem a contraposição entre "positivo" e "natural" é feita relativamente à natureza não do direito mas da linguagem: esta traz a si o problema (que já encontramos nas disputas entre Sócrates e os sofistas) da distinção entre aquilo que é por natureza (*physis*) e aquilo que é por convenção ou posto pelos homens (*thésis*). O problema que se põe pela linguagem, isto é, se algo é "natural" ou "convencional", põe-se analogamente também para o direito."

[15] COMPARATO, Fábio Konder. **A Afirmação Histórica dos Direitos Humanos**. 5ª ed. rev e atual. São Paulo: Saraiva, 2007, p. 73.

com o papado, porém é obrigado a submeter-se aos ditames do clero em virtude da falta de recursos financeiros. Com isso declara a Inglaterra feudo de Roma em 1213, tendo revertido o seu processo de excomunhão. Apesar disso, a paz não foi retomada e em 1215, após enfrentar batalhas armadas com a classe de barões, o rei João Sem-Terra é forçado a assinar a *Magna Carta*.[16]

O rei João Sem-Terra assina então a *Magna Carta*, ou melhor, a Carta Magna das Liberdades ou Concórdia entre o rei João e os Barões para a outorga das liberdades da igreja e do reino inglês, em 15 de junho de 1215, que foi confirmada por sete sucessores seus. Fábio Konder Comparato interpreta que pela primeira vez na história da política medieval, o rei encontra-se vinculado pelas próprias leis que edita e assim versa sobre o assunto:

> *O sentido inovador do documento consistiu, justamente, no fato de a declaração régia reconhecer que os direitos próprios dos dois estamentos livres – a nobreza e o clero – existiam independentemente do consentimento do monarca, e não podiam, por conseguinte, ser modificados por ele. Aí está a pedra angular para a construção da democracia moderna: o poder dos governantes passa a ser limitado, não apenas por normas superiores, fundadas no costume ou na religião, mas também por direitos subjetivos dos governados.*[17]

Cláudio De Cicco também tratando da importância da *Magna Carta*, expressa: "(...) Ela trazia consideráveis diminuições nas atribuições reais, porém a mais significativa era a subordinação do rei à Assembleia dos Grandes do Reino, ou Câmara dos Lordes, que fiscalizava todas as suas ações". O rei passa então a ser o representante da nação inglesa, não mais o único representante do poder.[18]

A partir de então se estabelece limites ao poder Estatal, de maneira que os direitos dos cidadãos são resguardados. Portanto, é justamente deste texto solene que surge a primeira ideia do princípio do devido processo legal, gra-

---

[16] Op. cit, p. 74.

[17] Op. cit, p. 80.

[18] DE CICCO, Cláudio. **História do Pensamento Jurídico e da Filosofia do Direito.** São Paulo: Saraiva, 2006, p. 76.

fado em quase todas as Constituições atuais, segundo o qual ninguém pode ser constrangido a agir ou omitir ação senão em virtude de lei.

Entretanto, o termo propriamente dito do devido processo legal, tal qual o conhecemos atualmente, que no original em inglês escreve-se *due process of law*, foi utilizado pela primeira vez em lei inglesa de 1354, no reinado de Eduardo III, nomeada *Statute of Westminster of the Liberties of London*.[19]

Além disso, algumas constituições de estados norte-americanos traziam em seus respectivos textos a garantia do *due process of Law*, como as de Maryland, Pensilvânia e Massachusetts. A "Declaração dos Direitos" de Maryland, de 03 de novembro de 1776, foi especial porque foi a que fez referência expressa ao sentido amplo do princípio do devido processo legal, em que se lê no seu inciso XXI: "*that no freeman ought to be taken, or imprisoned, or disseized of his freehold, liberties, or privileges, or outlawed, or exiled, or in any manner destroyed, or deprived of his life, liberty, or property, but by the judgment of his peers, or by the law of the land*".[20]

O sentido amplo do *due process of law*, é entendido por Nelson Nery Junior pelo trinômio vida-liberdade-propriedade, que inclusive faz parte da Constituição Federal dos Estados Unidos de 1787. A "Declaração dos Direitos" da Carolina do Norte, em 14 de dezembro de 1776, portanto, um pouco depois da de Maryland também defende a vida-liberdade-propriedade como valores fundamentais.[21]

Ada Pellegrini traz ainda importante referência a respeito do princípio:

> *No* due process of law, *o elemento a que se subordina toda a legalidade do procedimento é a efetiva possibilidade da parte de defender-se, de sustentar suas próprias razões, de ter* his day in Court, *na denominação genérica*

---

[19] RADIN, M. *Handbook of anglo-american legal history*. Saint Paul, 1936, p. 153 *apud* NERY JUNIOR, Nelson. **Princípios do Processo Civil na Constituição Federal**. 8ª ed. São Paulo: Editora Revista dos Tribunais, 2004, p. 61.

[20] NERY JUNIOR, Nelson. **Princípios do Processo Civil na Constituição Federal**. 8ª ed. São Paulo: Editora Revista dos Tribunais, 2004, p. 62: "que nenhum homem deverá ser levado, ou aprisionado ou terá seus direitos à propriedade, liberdade ou privilégios confiscados, declarados ilegais ou exilados, ou de alguma maneira destruídos, privado de sua vida, liberdade ou propriedade, a não ser que seja assim julgado pelos seus semelhantes ou pela lei terrena", tradução livre da autora.

[21] Op. cit, p. 62.

da Suprema Corte dos Estados Unidos. A preocupação principal do juiz americano é assegurar a todos um efetivo contraditório, e em cada espécie concreta à Corte cabe verificar que a oportunidade de defesa tenha sido realmente plena, não permitindo a supressão ou a limitação das provas.[22]

O princípio do devido processo legal possui um caráter genérico, constituído pelo trinômio vida-liberdade-propriedade, o que significa que os bens da vida serão tutelados no sentido mais amplo possível. Segundo Nelson Nery, "tudo o que disser respeito à tutela da vida, liberdade ou propriedade está sob a proteção da *due process clause*".[23]

Por conseguinte, há duas formas de interpretação pertinentes ao *due process of law*, a que se prende à tutela processual (*procedural due process*) e a relacionada ao aspecto substancial (*substantive due process*). No primeiro caso, o princípio é aplicado para a proteção dos direitos considerando os instrumentos do processo judicial ou administrativo, sendo a concepção mais conhecida. Já a interpretação que abarca a incidência do princípio no seu aspecto substancial, diz respeito ao direito material.

Entretanto, logo que os primeiros indícios do princípio do devido processo legal surgem na *Magna Carta* do rei João Sem Terra, este só tratava do aspecto especificamente processualístico da proteção dos direitos. Mas, com o tempo, o sentido dado ao princípio, pela doutrina jurídica e jurisprudência, provocou mudanças capazes de alargar o âmbito de interpretação da cláusula, tornando-a mais ampla, a fim de garantir uma maior proteção dos direitos fundamentais.[24]

Novamente, Ada Pellegrini refere que:

A cláusula, convenientemente vaga em sua expressão literal, proibindo a infringência de direitos relativos à vida, liberdade e propriedade, constituiu-se, portanto, no fundamento constitucional para permitir ao judiciário

---

[22] GRINOVER, Ada Pellegrini. **As Garantias Constitucionais do Direito de Ação**. São Paulo: Editora Revista dos Tribunais, 1973, pp. 16 e 17.

[23] NERY JUNIOR, Nelson, op. cit, p. 63.

[24] Op. cit, p. 65.

o controle do exercício do Poder Legislativo. Malgrado o nítido sentido processual que a cláusula se imprimira, em sua tradição histórica, foi-se impondo um conceito substantivo de due process of law, *emergente do amplo significado por ela subsumido, quando foi reconduzida a um critério de* reasonabless.[25]

Com isso, a autora entende que, nos tempos atuais, pode-se aferir que o princípio do devido processo legal deve ser interpretado no sentido de abolir injustificados impedimentos à tutela dos direitos individuais, seja no aspecto substancial ou processual. Para Pellegrini, pode haver violação ao princípio, não apenas quando haja tão somente a desconsideração das formas técnicas de exercício dos poderes processuais, "mas também onde a própria configuração dos *substantive rights* possa prejudicar sua tutela, condicionando "irrazoavelmente" o resultado do processo".[26]

A adesão ao princípio do devido processo legal traz em seu bojo uma série de outras garantias que lhe são subjacentes. Assim, a Constituição Federal brasileira, de 1988, em seu artigo 5º e incisos determina, *in verbis*:

> **Art. 5º.** *Todos são iguais perante a lei, sem distinção de qualquer natureza, garantindo-se aos brasileiros e aos estrangeiros residentes no País a inviolabilidade do direito à vida, à liberdade, à igualdade, à segurança e à propriedade, nos termos seguintes:*
> *XXXV – a lei não excluirá da apreciação do Poder Judiciário lesão ou ameaça a direito;*
> *XXXVII – não haverá juízo ou tribunal de exceção;*
> *LIII – ninguém será processado nem sentenciado senão pela autoridade competente;*
> *LIV – ninguém será privado da liberdade ou de seus bens sem o devido processo legal;*
> *LV – aos litigantes, em processo judicial ou administrativo, e aos acusados em geral são assegurados o*

---

[25] GRINOVER, Ada Pellegrini, op. cit, p. 35.
[26] Op. cit, p. 38.

> *contraditório e ampla defesa, com os meio e recursos a ela inerentes;*
> *LVI – são inadmissíveis, no processo, as provas obtidas por meios ilícitos;*
> *LVII – ninguém será considerado culpado até o trânsito em julgado de sentença penal condenatória;*
> *LVIII – o civilmente identificado não será submetido a identificação criminal, salvo nas hipóteses previstas em lei;*
> *LX – a lei só poderá restringir a publicidade dos atos processuais quando a defesa da intimidade ou o interesse social o exigirem;*[27]

Assim sendo, respeitar o devido processo legal significa assegurar os direitos fundamentais condizentes a todo ser humano, garantindo-lhe o julgamento regular, com juiz competente, imparcial, bem como o acesso ao contraditório e à ampla defesa, em um processo público e com provas lícitas, de modo que o cidadão só será considerado condenado depois que seja comprovada sua culpa e assim transitada em julgado sua sentença.

O claro objetivo de tais mecanismos processuais é proporcionar justiça ao indivíduo e à própria sociedade na qual está inserido. Por tal motivo, a Constituição brasileira consubstancia o princípio de isonomia ao afirmar que "todos são iguais perante a lei" e que não se fará qualquer distinção, tampouco àqueles que se encontrem doentes ou com malformações graves, pois todos têm direito ao exercício da vida.

Jaques Penteado, de forma complementar, assevera a respeito do princípio do devido processo legal:

> *Pode-se detectar a evolução alcançada no conceito do devido processo legal que, partindo de garantias mínimas, atinge a nuclearidade constitucional abrangente e genérica – "ninguém será privado da liberdade ou de seus bens sem o devido processo legal" – estipulando-se*

---

[27] BRASIL. Constituição (1988). Constituição da República Federativa do Brasil: promulgada em 5 de outubro de 1988: atualizada até a Emenda Constitucional nº 52, de 08-03-2006. **Vade Mecum**. 2ª ed. São Paulo: Saraiva, 2006, pp. 7, 9 e 10.

> *diversas garantias específicas que vão desde o acesso à justiça até o princípio do juiz natural, passando por diversas exigências para que se tenha um processo justo.*[28]

Em decorrência do tratamento que é dado pela Constituição, Ada Pellegrini conclui:

> *O Estado de direito pode ter seu real coroamento através desses instrumentos processual-constitucionais de tutela dos direitos fundamentais do homem; é assim que o processo se transforma, de simples instrumento de justiça, em garantia de liberdade. Trata-se, enfim, na expressão de COUTURE, de fazer com que o Direito não fique à mercê do processo, nem que venha a sucumbir por ausência ou insuficiência deste.*[29]

Sobre os demais princípios constitucionais que derivam do *due process of law*, Nelson Nery revela:

> *Bastaria a Constituição Federal de 1988 ter enunciado o princípio do devido processo legal, e o caput e os incisos do art. 5º, em sua grande maioria, seriam absolutamente despiciendos. De todo modo, a explicitação das garantias fundamentais derivadas do devido processo legal, como preceitos desdobrados nos incisos do art. 5º, CF, é uma forma de enfatizar a importância dessas garantias, norteando a administração pública, o Legislativo e o Judiciário para que possam aplicar a cláusula sem maiores indagações.*[30]

---

[28] DIP, Ricardo Henry Marques; PENTEADO, Jaques de Camargo [Org.]. **A Vida dos Direitos Humanos: Bioética Médica e Jurídica**. Porto Alegre: Sergio Antonio Fabris Editor, 1999, p. 170.

[29] GRINOVER, Ada Pellegrini, op. cit, p. 19.

[30] NERY JUNIOR, Nelson, op. cit, p. 70.

Nos tempos hodiernos, que perpassaram séculos após a *Magna Carta* do rei João Sem-Terra, o princípio do devido processo legal está sendo novamente invocado, mas dessa vez não para defender a condição do servo diante do patrão em razão do trabalho excessivo e indiscriminado na terra; mas a condição humana do bebê anencéfalo frente a um Estado arbitrário que decide o que fazer perante uma vida fragilizada e necessitada de proteção e defesa.

1.3. DECLARAÇÃO UNIVERSAL DOS DIREITOS DOS HOMENS

A luta pelos direitos humanos sempre se mostrou uma constante na história da humanidade. Nesse propósito batalhas foram travadas ao longo de séculos. Contudo, as barbáries acontecidas no seio dos Estados Fascistas e Nazistas durante o período da Segunda Guerra Mundial estabeleceram um momento crucial para a sociedade Mundial que assistiu absorta ao tratamento cruel e desumano que sofreu certos segmentos sociais da nação alemã.

Logo após a segunda grande guerra, representantes de várias nações se uniram a fim de constituir um documento que determinasse direitos inerentes a todo gênero humano. Com isso nasce, no ano de 1948, a Declaração Universal dos Direitos Humanos.

Norberto Bobbio entende que a Declaração Universal dos Direitos Humanos representa o reconhecimento de um sistema de valores positivados em virtude do consenso geral que se estabelece acerca da sua validade, assim declara:

> (...) a Declaração Universal representa um fato novo na história, na medida em que, pela primeira vez, um sistema de princípios fundamentais da conduta humana foi livre e expressamente aceito, através de seus respectivos governos, pela maioria dos homens que vive na Terra.[31]

---

31 BOBBIO, Norberto. **A Era dos Direitos**; trad. Carlos Nelson Coutinho. 6ª ed. Rio de Janeiro: Elsevier, 2004, p. 27.

Entretanto, o processo de universalização dos direitos do homem não começa com a Declaração de 1948. A despeito do holocausto, como um dos episódios de maior horror já ocorrido, outros momentos de guerra e revoluções também constituíram a história na afirmação de tais direitos. Segundo Flávia Piovesan: "Enquanto reivindicações morais, os direitos humanos são fruto de um espaço simbólico de luta e ação social, na busca por dignidade humana, o que compõe um construído axiológico emancipatório".[32]

Bobbio esclarece que há pelo menos três fases que marcam a conquista pelo universalismo: a primeira delas se caracteriza pelo surgimento das teorias filosóficas, de acordo com as quais o homem é detentor de direitos pela simples natureza humana que possui tida como ideia própria do jusnaturalismo; a segunda fase consiste no momento em que o direito se mostra mais concreto, positivando-se; enquanto que a terceira fase está marcada pela confecção da Declaração de 1948.[33]

Ao analisar a ideia de direito natural, enquanto produto da racionalidade humana, Bobbio entende que "este critério liga-se a uma concepção racionalista da ética, segundo a qual os deveres morais podem ser conhecidos racionalmente, e, de um modo mais geral, por uma concepção racionalista da filosofia".[34]

Um dos expoentes do direito natural na era moderna foi Hugo Grócio. Conhecido como o criador do direito internacional, Grócio entendia o direito natural como o depositário da justa razão, de modo que um ato seria julgado moralmente bom ou ruim pela "natureza racional" do homem.[35]

Entretanto, Bobbio apresenta John Locke como o precursor do jusnaturalismo moderno, para quem o estado civil não passa de uma criação a fim de convalidar os direitos de liberdade e igualdade que fazem parte do quadro de direitos naturais do homem.

A segunda fase caracteriza-se pela Era das Revoluções, principalmente, a Revolução Francesa. A partir delas, os Estados passam a reconhecer os direi-

---

[32] PIOVESAN, Flávia. **Direitos Humanos e o Direito Constitucional Internacional**. 9ª ed. rev., ampl. e atual. São Paulo: Saraiva, 2008, pp. 109 e 110.

[33] BOBBIO, Norberto, op. cit, p. 28.

[34] BOBBIO, Norberto. **O Positivismo Jurídico: lições de filosofia do direito**. São Paulo: Ícone, 2006, p. 23.

[35] Op. cit, p. 20.

tos dos homens, e então os subscreve em documentos oficiais. Assim, tem-se a formação do sistema positivista de Direito.[36]

Norberto Bobbio entende que o positivismo jurídico pode apresentar duas teorias, quais sejam, o juspositivismo em sentido estrito e o juspositivismo em sentido amplo e se filia à segunda. A teoria do juspositivismo em sentido amplo está baseada em seis acepções: a teoria coativa do direito, teoria legislativa do direito, teoria imperativa do direito, teoria da coerência do ordenamento jurídico, teoria da completitude do ordenamento jurídico e a teoria da interpretação lógica ou mecanicista do direito.[37]

O jurista admite que as três últimas concepções são passíveis de críticas fundamentadas, pois podem haver normas incompatíveis em um mesmo ordenamento jurídico, bem como lacunas que inviabilizem sua completitude. Além disso, a interpretação do direito não consiste na simples aplicação da lei, mas leva em consideração outros aspectos como a equidade, por exemplo.[38]

Finalmente, com a Declaração Universal dos Direitos do Homem de 1948, inaugura-se a terceira fase, na qual os direitos são afirmados enquanto um sistema universal e positivo. A concepção universal se aplica ao fato de que os princípios por ela estabelecidos valem para todos os homens e não apenas aos pertencentes a uma nação específica, tampouco a um determinado credo religioso ou etnia.[39] A partir de então, os direitos humanos em caráter universal, não são somente reconhecidos, mas também efetivamente garantidos e protegidos, inclusive contra o próprio Estado que não observá-los. Novamente, Flávia Piovesan lembra que o Direito Internacional dos Direitos Humanos

---

[36] BOBBIO, Norberto, op. cit, p. 65: "(...) a concepção racionalista considerava a multiplicidade e a complicação do direito um fruto do arbítrio da história. As velhas leis deviam, portanto, ser substituídas por um direito simples e unitário, que seria ditado pela *ciência da legislação*, uma nova ciência que, interrogando a natureza do homem, estabeleceria quais eram as leis universais e imutáveis que deveriam regular a conduta do homem. Os iluministas estavam, de fato, convencidos de que o direito histórico, constituído por uma selva de normas complicadas e arbitrárias, era apenas uma espécie de direito "fenomênico" e que além dele, fundado na natureza das coisas cognoscíveis pela razão humana, existia o verdadeiro direito. Pois bem, a natureza profunda, a essência verdadeira da realidade, é simples e suas leis são harmônicas e unitariamente coligadas; por isto, também o direito, o verdadeiro direito fundado na natureza, podia e devia ser simples e unitário."

[37] Op. cit, pp. 237 e 238.

[38] Op. cit, p. 237.

[39] BOBBIO, Norberto. **A Era dos Direitos**; trad. Carlos Nelson Coutinho. 6ª ed. Rio de Janeiro: Elsevier, 2004, p. 30.

surge com o objetivo claro de resguardar o valor da dignidade humana, que por sua vez é entendida como o próprio fundamento dos direitos humanos.[40]

Piovesan revela que a internacionalização dos direitos humanos tem início a partir do pós-guerra e aparece como reação às atrocidades cometidas durante o nazismo. Nesse período, o próprio Estado representa o papel de verdadeiro violador dos direitos humanos, obedecendo à "lógica da destruição e descartabilidade da pessoa humana". O resultado foi a dizimação de onze milhões de pessoas, que por não pertencerem à etnia ariana, não tiveram sua condição humana, enquanto titulares de direitos, reconhecida.[41]

Em decorrência do quadro acima traçado, ou seja, a ruptura que a Segunda Guerra proporcionou com relação aos direitos humanos, Piovesan entende que há a necessidade de reconstrução destes, inaugurando um paradigma, que tem por referencial ético, a própria ética dos direitos humanos. Assim, de acordo com a mesma autora:

> *No momento em que seres humanos se tornam supérfluos e descartáveis, no momento em que vige a lógica da destruição, em que cruelmente se abole o valor da pessoa humana, torna-se necessária a reconstrução dos direitos humanos, como paradigma ético capaz de restaurar a lógica do razoável. A barbárie do totalitarismo significou a ruptura do paradigma dos direitos humanos, por meio da negação do valor da pessoa humana como valor fonte do direito. Diante dessa ruptura, emerge a necessidade de reconstruir os direitos humanos, como referencial e paradigma ético que aproxime o direito da moral. Nesse cenário, o maior direito passa a ser, adotando a terminologia de Hanna Arendt, o direito a ter direitos, ou seja, o direito a ser sujeito de direitos.*[42]

É com base nesse parâmetro internacional, que se defende a não possibilidade do atentado à vida do feto por parte do Estado. Portanto, sendo o

---

40 PIOVESAN, Flávia. **Direitos Humanos e o Direito Constitucional Internacional**. 9ª ed. rev., ampl. e atual. São Paulo: Saraiva, 2008, pp. 110 e 111.

41 Op. cit, p. 118.

42 Op. cit, p. 118.

feto anencéfalo um ser vivo, não seria lícito ao Direito brasileiro – através de decisões judiciais, julgamentos vinculativos do Supremo, ou mesmo através de projetos de lei – autorizar o abortamento em caso de anencefalia.

1.4. DIREITOS À SAÚDE E À VIDA DAS MULHERES

Em continuidade à luta pelo reconhecimento de direitos, têm-se a consideração à saúde da mulher através da conquista dos direitos sexuais e reprodutivos. Tais direitos surgem a partir dos anos de 1970 com o movimento feminista e têm por marco inicial a luta pelos direitos à anticoncepção e ao aborto nos países desenvolvidos. Somente no início dos anos de 1980 é que os movimentos sociais brasileiros trazem para a pauta da discussão pública, direitos que eram antes tidos como pertinentes à esfera privada.

De forma mais abrangente, os direitos sexuais estão ligados também à defesa de grupos homossexuais, através dos quais se busca uma maior aceitação e tolerância aos diversos tipos de expressão sexual.

Somando-se a isso, percebe-se que o objetivo primordial que tais direitos visam assegurar admite uma vertente dupla. Ou seja, os direitos sexuais e reprodutivos defendem a autonomia da mulher no processo de reprodução, que compreende também o livre exercício da sexualidade, sem qualquer forma de discriminação, coerção ou violência.[43]

Além disso, como decorrência das primeiras garantias, os direitos sexuais e reprodutivos implicam a necessidade de políticas públicas que assegurem a saúde sexual e reprodutiva. Desse modo, torna-se essencial o direito ao acesso a informações, meios e recursos seguros de contracepção. Mister se faz ainda o efetivo acesso ao acompanhamento digno e saudável da gestação, bem como o direito à educação.[44]

Apesar de não tão recentes, Flávia Piovesan relata que foi apenas em 1994 que estes direitos foram reconhecidos enquanto direitos humanos. Isso ocorreu na Conferência Internacional sobre População e Desenvolvimento,

---

[43] PIOVESAN, Flávia. Direitos sexuais e reprodutivos: aborto inseguro como violação aos direitos humanos. *In*: SARMENTO, Daniel; PIOVESAN, Flávia [Coord.]. **Nos Limites da Vida: aborto, clonagem humana e eutanásia sob a perspectiva dos direitos humanos**. Rio de Janeiro: Editora Lumen Juris, 2007, p. 55.

[44] Op. cit, p. 55.

no Cairo, sendo assinada por 184 Estados. Um ano depois, em 1995, a IV Conferência Mundial sobre a Mulher, Desenvolvimento e Paz realizada em Beijing, reafirma o mesmo posicionamento.[45]

Na Conferência de Beijing, a questão do aborto é lembrada enquanto problema de saúde pública a ser observado pelos Governos, entretanto, a Convenção anterior assevera que este não pode ser utilizado como forma de planejamento familiar. O Brasil dispõe de lei pertinente ao planejamento familiar (Lei nº 9.263, de 12 de janeiro de 1996), de modo que no artigo 3º, parágrafo único e incisos estabelece, *in verbis*:

> **Art. 3º.** *O planejamento familiar é parte integrante do conjunto de ações de atenção à mulher, ao homem ou ao casal, dentro de uma visão de atendimento global e integral à saúde.*
>
> *Parágrafo único: As instâncias gestoras do Sistema Único de Saúde, em todos os seus níveis, na prestação das ações previstas no caput, obrigam-se a garantir, em toda a sua rede de serviços, no que respeita a atenção à mulher, ao homem ou ao casal, programa de atenção integral à saúde, em todos os seus ciclos vitais, que inclua, como atividades básicas, entre outras:*
>
> *I – a assistência à concepção e contracepção;*
> *II – o atendimento pré-natal;*
> *III – a assistência ao parto, ao puerpério e ao neonato;*
> *IV – o controle das doenças sexualmente transmissíveis;*
> *V – o controle e prevenção do câncer cérvico-uterino, do câncer de mama e do câncer de pênis.*

Nesse sentido, a legislação pátria acaba por incorporar as determinações internacionais no cuidado à saúde reprodutiva e sexual, tanto da mulher quanto do homem. Portanto, o Governo compromete-se, mediante políticas sanitárias, abrangendo toda a população, a disponibilizar métodos contraceptivos, e também a acompanhar adequadamente a gravidez e o parto.

Com isso, no entender deste trabalho, o acesso ao progresso científico deve ser em relação aos diversos recursos de contracepção, cabendo ao Estado

---

[45] Op. cit, p. 54.

a correta disposição dos meios à população. Assim, as modernas técnicas de ultrassonografia são avanços tecnológicos de primeira grandeza para a melhor assistência do profissional da área da saúde à gestante.

Contudo, entende-se que o abortamento deve ser considerado como última hipótese, somente em casos nos quais não haja outro meio capaz de salvar a vida da mãe. Não configurando, portanto, como medida de planejamento familiar.

Ademais, ainda que o aborto seja um problema mundial de saúde pública, defende-se a ideia de que compete ao poder público medidas sérias na área de educação sexual, a fim de permitir que a liberdade e autonomia reprodutivas da mulher sejam efetivamente garantidas, pois, uma vez que esta compreende as maneiras preventivas da gravidez, o aborto não precisa tornar-se uma alternativa.[46]

---

[46] Em 2005, o Ministério da Saúde publica o lançamento de política nacional que amplia o acesso ao planejamento familiar: "O Ministério da Saúde lançou, no dia 22/03, a Política Nacional de Direitos Sexuais e Direitos Reprodutivos, que terá como base o documento "Direitos Sexuais e Direitos Reprodutivos: uma prioridade de governo". A Política, que prevê ações voltadas ao planejamento familiar para o período de 2005 a 2007, é uma demonstração da preocupação do governo federal em garantir os direitos de homens e mulheres, adultos e adolescentes, em relação à saúde sexual e reprodutiva. Durante o evento de lançamento da política, o ministro Humberto Costa também assinou portaria instituindo e empossando os membros da Comissão Nacional de Monitoramento e Avaliação da Implementação do Pacto Nacional pela Redução da Mortalidade Materna e Neonatal. A Política de Direitos Sexuais e Reprodutivos tem três eixos principais de ação, voltados ao planejamento familiar: a ampliação da oferta de métodos anticoncepcionais reversíveis (não-cirúrgicos); a ampliação do acesso à esterilização cirúrgica voluntária; e a introdução de reprodução humana assistida no Sistema Único de Saúde (SUS). O Ministério da Saúde também está investindo em ações educativas com a distribuição de manuais técnicos e cartilhas para os gestores de políticas públicas, profissionais de saúde e para a população em geral. Entre elas, está a Norma Técnica "Atenção Humanizada ao Abortamento", inédita, e a nova Norma Técnica "Prevenção e Tratamento dos Agravos Resultantes da Violência Sexual contra Mulheres e Adolescentes", que reedita e atualiza uma outra datada de 1999. A norma de "Atenção Humanizada ao Abortamento" busca qualificar o atendimento à saúde de mulheres que chegam aos serviços de saúde em processo de abortamento espontâneo ou inseguro. Já a norma de "Prevenção e Tratamento dos Agravos Resultantes da Violência Sexual contra Mulheres e Adolescentes" traz como principal mudança a não exigência da apresentação do Boletim de Ocorrência (BO) Policial pelas vítimas de estupro para a realização de abortamento legal. A nova Norma Técnica está juridicamente embasada no Código Penal Brasileiro. A Política Nacional de Direitos Sexuais e Reprodutivos foi elaborada pelo Ministério da Saúde em parceria com os Ministérios da Educação, da Justiça, do Desenvolvimento Agrário, do Desenvolvimento Social e Combate à Fome, e com a Secretaria Especial de Políticas para as Mulheres,

À educação sexual acima referida deve somar-se a educação dos sentimentos proporcionada com o auxílio da própria Psicologia. Através da educação dos sentimentos, a mulher é capaz de definir com mais propriedade sobre sua vida reprodutiva.

Simone de Beauvoir, um dos maiores ícones do movimento feminista, é analisada por Wayne Morrison para quem a filósofa está presa aos critérios existencialistas de controle da própria existência, para ela, as mulheres vivem num estado de escravidão aos fatos biológicos da gravidez, do parto e da amamentação que não podem dar sentido a sua existência.[47]

Contudo, Beauvoir apresenta uma contradição, porque se por um lado abortar representa a libertação feminina a este estado natural de aprisionamento, por outro lado a decisão de abortar pode contar com a participação masculina que não pretende arcar com as consequências da gravidez:

Os homens proíbem universalmente o aborto, mas individualmente aceitam-no como solução conveniente de um problema; conseguem contradizer-se com indiferente cinismo. A mulher, por sua vez, sente essas contradições em sua carne ferida; em geral, ela é demasiado tímida para rebelar-se abertamente contra a má-fé masculina; ela se vê como vítima de uma injustiça que faz dela uma criminosa contra a sua vontade, e ao mesmo tempo sente-se aviltada e humilhada. Ela encarna em si mesma, de modo concreto e imediato, a culpa do homem; é dele a culpa, mas ele se livra atribuindo-a à mulher; diz apenas algumas palavras em tom suplicante, ameaçador, sensível ou furioso, e logo se esquece delas; cabe à mulher interpretar essas palavras com sofrimento e sangue. Às vezes ele nada diz, apenas desaparece (...). [As mulheres então] aprendem a não mais acreditar no que dizem os homens (...); a única coisa de que têm certeza é desse útero saqueado e sangrento, desses rubros farrapos de vida, dessa criança que não está ali... Para muitas mulheres o mundo jamais será o mesmo.[48]

---

a Secretaria Especial de Direitos Humanos e a Secretaria de Políticas de Promoção da Igualdade Racial." (Ministério da Saúde lança política nacional que amplia acesso ao planejamento familiar. Disponível em http://portal.saude.gov.br/saude/. Acesso em: 22 mar 2006).

[47] MORRISON, Wayne. **Filosofia do Direito: dos Gregos ao Pós-Modernismo**; tradução Jefferson Luiz Camargo. São Paulo: Martins Fontes, 2006, pp. 590, 591 e 592.

[48] BEAUVOIR, Simone de. **The Second Sex**; trad. ingl. H. M. Parchley. Londres: Jonathan Cape, 1953, p. 474 *apud* MORRISON, Wayne, op. cit, pp. 591 e 592.

Capítulo 2

BIODIREITO CONSTITUCIONAL: A NOVA FRONTEIRA DOS DIREITOS HUMANOS

2.1. CONSTITUCIONALISMO DO SÉCULO XXI: A NECESSIDADE DO EQUILÍBRIO ÉTICO

> *A ética dos Direitos Humanos é a ética da transformação, os Direitos Humanos não são um dado, mas um construído, assim como a violação aos Direitos Humanos também são um construído que devem ser desconstruídos pela ética dos Direitos Humanos.*
>
> *Flávia Piovesan*

Não resta dúvida de que o positivismo jurídico rompe com os privilégios e tradições, seja por critérios políticos ou sociais, próprios do Antigo Regime, na medida em que define leis que serão válidas para todos, sem exceção. Juntamente com o surgimento dos códigos, que vão significar o auge do positivismo, nasce a postulação de métodos clássicos de interpretação, quais sejam, gramatical, teleológico, sistemático e histórico. Também aparecem os cânones do direito, que são formas de solucionar as antinomias advindas do sistema, formando com isso o que André Del Negri chama de instrumental da razão do juiz para a composição dos conflitos.[49]

Contudo, o mesmo autor confessa que em nenhum ordenamento jurídico é possível entender a lei como mero silogismo, no qual se é A deve ser B, de modo que a atividade do juiz se tornaria mecânica. Entretanto, a interpretação legislativa não pode ficar a cargo da subjetividade do juiz.

Com isso, a partir das constantes oposições dos paradigmas interpretativos do jusnaturalismo e positivismo, surge, no século XXI, o modelo interpretativo do pós-positivismo, segundo o qual a interpretação dos princípios constitucionais passa a ter força normativa plena. Esse fenômeno é melhor denominado como constitucionalismo do século XXI ou contemporâneo, ao invés de "neoconstitucionalismo" como defendem alguns autores, isso porque os prefixos "neo" ou "pós" podem dar a falsa ideia de que o modelo proposto seja totalmente novo, o que não ocorre. Além disso, depois de neo, o que virá no futuro? Portanto, parece mais sensato adequar o movimento ao momento histórico em que está inserido.

Dessa forma, a hermenêutica volta-se para a interpretação do texto constitucional, dando outro enfoque sobre os valores, regras e princípios. Vale ressaltar que a interpretação constitucional não desconsidera a interpretação jurídica de um modo geral. Mas, como defende Celso Ribeiro Bastos, a hermenêutica constitucional justifica o seu tratamento diferençado em virtude das particularidades que apresenta.[50]

Considerando que a Constituição Federal é a pedra angular que dá fundamento ao Estado e à própria comunidade em que se instala, esse nível de importância dá ensejo à criação de uma teoria da interpretação constitucional.

---

[49] NEGRI, André Del. Devida hermenêutica constitucional. **Revista de Direito Constitucional e Internacional**. Ano 15, jan/mar, 2007, nº 58, pp. 8 e 9.

[50] BASTOS, Celso Ribeiro. **Hermenêutica e Interpretação Constitucional**. São Paulo: Celso Bastos Editor: Instituto Brasileiro de Direito Constitucional, 1999, p. 49.

Além disso, outras características justificantes de uma teoria constitucional, apontadas por Celso Bastos, são o fato de ser a Constituição o texto inaugural de uma nova ordem, como também o uso de uma linguagem sintética e a adoção de princípios. Assim, sendo um texto inaugural, a Constituição configura-se como o fundamento de validade de todas as leis do ordenamento jurídico. Logo, a indicação do significado de suas normas pode determinar o afastamento de uma norma infraconstitucional que vigorava até o momento.

A necessidade de uma interpretação mais apurada com relação à Constituição também se dá em razão de seu caráter aberto, pois como mencionado anteriormente, o texto constitucional se apresenta como um conjunto de princípios e normas programáticas que não detém significado preciso.

Diante de tais considerações, Celso Bastos chega a relatar o fenômeno da atualização das normas constitucionais, que consiste na interpretação do texto jurídico levando em consideração as modificações operadas na sociedade, seja no sentido ideológico ou tecnológico. Tal ponto representa exatamente o desafio que este trabalho busca observar, pois diante da biotecnologia recente, qual seria o melhor método de interpretação dos conflitos que despontam frente a esses avanços científicos?

A resposta parece estar no que seria o neoconstitucionalismo, ou melhor, o constitucionalismo do século XXI. Esse fenômeno delineia-se sobre três aspectos. Assim, em primeiro lugar, deve ser considerado o marco histórico que no Brasil se deu com o advento da Constituição de 1988 e seu consequente processo de redemocratização. Já na Europa, o início é marcado pelo constitucionalismo do pós-guerra. A partir desse momento, tem-se o princípio de um novo Direito Constitucional, através da ascensão científica desse ramo jurídico.

Além do momento histórico, há o marco filosófico que caracteriza o surgimento dessa nova vertente do constitucionalismo. Portanto, segundo Luís Roberto Barroso, o marco filosófico do novo direito constitucional é o pós-positivismo.[51]

O pós-positivismo não deve ser entendido como mera continuação do positivismo jurídico, mas em verdade como uma espécie de superação das duas correntes fundantes do pensamento jurídico, jusnaturalismo e juspositivismo.

---

51 BARROSO, Luís Roberto. Neoconstitucionalismo e Constitucionalização do Direito: o triunfo tardio do direito constitucional no Brasil. **Revista de Direito Constitucional e Internacional**. Ano 15, jan/mar, 2007, nº 58, p. 132.

Sendo assim, se por um lado o jusnaturalismo, que na modernidade aproxima a lei da razão, pela crença em princípios de justiça universalmente válidos; o positivismo, por outro lado, atribui ao direito natural o caráter anticientífico e metafísico. Com a pretensão de ser objetivo, equipara o direito à lei e afasta a filosofia do âmbito das discussões jurídicas e junto com ela a própria ideia de justiça.

Entretanto, diante da Segunda Guerra Mundial e o episódio do Tribunal de Nuremberg em que muitos foram absolvidos sob a defesa da estrita legalidade, o positivismo voltou a ser o foco de debates e reflexões. Isso porque, não considerava a interpretação das leis segundo parâmetros éticos, filosóficos e justos, valendo somente o que estivesse posto na norma, ou seja, literalmente escrito, o que acabou gerando situações absurdas como a relatada.

São correntes complementares porque se o jusnaturalismo não foi suficiente para dar segurança jurídica ao sistema, o positivismo não se mostrou capaz de salvaguardar direitos mais básicos do ser humano, como o direito à vida. Nesse diapasão, o pós-positivismo viria como uma superação desses dois modelos enquanto dicotomias para se integrar num único propósito.

Luís Roberto Barroso enuncia ainda, um conjunto de características que dão formato ao paradigma do constitucionalismo do século XXI. Assim descreve:

> *A atribuição de normatividade aos princípios e a definição de suas relações com valores e regras; a reabilitação da razão prática e da argumentação jurídica; a formação de uma nova hermenêutica constitucional; e, o desenvolvimento de uma teoria dos direitos fundamentais edificada sobre o fundamento da dignidade humana.*[52]

Com isso, há uma clara reaproximação da Filosofia ao âmbito de estudo e análise do Direito, que era típica do jusnaturalismo. A Filosofia vai servir de base para dar conteúdo aos questionamentos sobre o que vem a ser justiça e, principalmente, como as decisões judiciais podem se pautar em critérios verdadeiramente justos. Além disso, na medida em que se persegue o ideal de justiça acaba-se por esbarrar no domínio da ética, portanto, presencia-se

---

[52] Op. cit, p. 133.

não somente o retorno da Filosofia, mas também da Ética como fundamento de um ordenamento jurídico justo.[53]

O constitucionalismo contemporâneo ainda apresenta mais um ponto de análise, que caracteriza o marco teórico do movimento. Tal marco afeta diretamente o pensamento doutrinário e a produção literária jurídica do século XXI, o qual se pauta sobre três principais mudanças: o reconhecimento de força normativa à Constituição; expansão da jurisdição constitucional, com o modelo de prevalência da Constituição sobre as demais normas do ordenamento jurídico; e o desenvolvimento de uma nova dogmática da interpretação constitucional.[54]

O reconhecimento da força normativa da Constituição, que já foi abordado um pouco acima, constitui na atribuição à norma constitucional o *status* de norma jurídica. Antes sendo vista como documento político, agora a Constituição possui como premissa sua força normativa, caráter vinculativo e obrigatório de suas disposições.

Outra mudança fundamental foi a expansão da jurisdição constitucional que se deu com a introdução do modelo norte americano da supremacia da Constituição. Inaugurado pelo juiz Marshall no paradigmático caso Marbury *versus* Madison, o respeito e a adequação à Constituição passam a valer como padrão de controle constitucional e superam a antiga concepção da prevalência do legislador.

Também como anteriormente mencionado, o modelo de prevalência da Constituição e, portanto, de subordinação do ordenamento jurídico às suas regras e princípios, deram ao Direito Constitucional um grau de importância tal, que a hermenêutica existente não comportava as especificidades nascentes de um novo modelo constitucional.

Com isso, a terceira grande alteração trazida pelo marco teórico vem a ser o desenvolvimento de uma nova dogmática da interpretação constitucional. Assim, como aponta Luís Roberto Barroso, os princípios aplicáveis

---

[53] Sobre a Filosofia do Direito, assim se pronuncia Wayne Morrison: "(...) uma das tarefas da filosofia do direito é interpretar e oferecer análises críticas do *éthos* da legalidade na vida. Talvez possamos assimilar uma mensagem: a filosofia do direito "deve" lembrar que sua base é a vida, em vez de tornar-se obcecada com a análise de uma "ideia" intuída a partir das condições vitais. Uma ideia que deu nome a uma importante tradição é a do Direito Natural que foi trazido ao mundo pelos gregos" (MORRISON, Wayne. **Filosofia do Direito, dos Gregos ao Pós-Modernismo**. São Paulo: Martins Fontes, 2006, p. 31).

[54] BARROSO, Luís Roberto, op. cit, p. 134.

à hermenêutica constitucional são "o da supremacia da Constituição, o da presunção de constitucionalidade das normas e atos do Poder Público, o da interpretação conforme a Constituição, o da unidade, o da razoabilidade e o da efetividade".[55]

Ora, quando se trata do caso dos bebês anencéfalos que é objeto de estudo deste trabalho, a interpretação jurídica que será dada à decisão judicial a respeito do assunto não pode ficar alheia à realidade premente do constitucionalismo do século XXI, que inaugura um novo enfoque sobre o estudo do Direito Constitucional.

O tema do abortamento de anencéfalos encontra-se afeto ao Direito Constitucional por estar ligado a um dos princípios fundamentais defendidos pela Constituição, que é o direito à vida. Além disso, o próprio Biodireito Constitucional – esse recente ramo do Direito – vai procurar fazer uma ponte mais sólida e precisa entre os dois assuntos para que qualquer argumentação que trate do tema da vida esteja eivada de reflexões éticas e filosóficas.

2.2. A DIGNIDADE HUMANA COMO PRINCÍPIO FUNDAMENTAL DO ESTADO BRASILEIRO

A triste experiência vivenciada no regime nazista teve por consequência não somente a reflexão acerca da estrita legalidade, mas também levou às Constituições Europeias, principalmente, a proclamarem e garantirem o respeito à dignidade humana e à inviolabilidade do direito à vida.

Com isso, não se está tratando de um posicionamento filosófico ou moral específico, sujeito, portanto, a questionamentos. Ora, a partir do momento em que a Lei maior adota princípios de caráter fundamental, todo o ordenamento jurídico passa a considerar a relevância que emanam, em razão do princípio da interpretação sistemática do Direito.

Ademais, os princípios fundamentais adquirem caráter normativo e vinculante pelo simples fato de constarem no texto constitucional. Dessa forma, eles passam a representar uma referência, segundo a qual devem estar pautadas as decisões judiciais e a formação de outras normas.

---

[55] Op. cit, p. 137.

Sendo assim, em resposta ao paradigma jurídico que se instalava, surge a Declaração Universal dos Direitos Humanos de 1948, que em seu preâmbulo considera: "(...) o reconhecimento da dignidade inerente a todos os membros da família humana e de seus direitos iguais e inalienáveis é o fundamento da liberdade, da justiça e da paz no mundo".

Além disso, a Declaração Universal demonstra a preocupação frente às atrocidades que a guerra e o preconceito podem suscitar, por isso no segundo considerando, declara:

> *Considerando que o desprezo e o desrespeito pelos direitos da pessoa resultaram em atos bárbaros que ultrajaram a consciência da Humanidade e que o advento de um mundo em que as pessoas gozem de liberdade de palavra, de crença e de liberdade de viverem a salvo do temor e da necessidade foi proclamado como a mais alta aspiração do homem comum.*

Portanto, os direitos fundamentais à vida e à inviolabilidade da dignidade humana ultrapassaram a esfera de proteção dada pelo direito interno e atingiram o plano de referência do direito internacional.

Esta "nova ordem estatal"[56] que se formava a partir do reconhecimento da dignidade do ser humano, foi recepcionada pelos ordenamentos jurídicos ocidentais e suas respectivas Leis fundamentais. Com o Brasil não foi diferente, assim a Constituição Federal brasileira de 1988 estabelece no artigo 1º, inciso III, *in verbis*:

> ***Art. 1º.*** *A República Federativa do Brasil, formada pela união indissolúvel dos Estados e Municípios e do Distrito Federal, constitui-se em Estado Democrático de Direito e tem como fundamentos:*
> *III – a dignidade da pessoa humana.*[57]

---

[56] BÖCKENFÖRDE, Ernst-Wolfgang. Dignidade humana como princípio normativo: os direitos fundamentais no debate bioético. *In*: SARLET, Ingo Wolfgang; LEITE, George Salomão. **Direitos Fundamentais e Biotecnologia**. São Paulo: Método, 2008, p. 61.

[57] BRASIL. Constituição (1988). Constituição da República Federativa do Brasil: promulgada em 5 de outubro de 1988: atualizada até a Emenda Constitucional nº 52, de 08-03-2006. 21. **Vade Mecum**. São Paulo: Saraiva, 2006, p. 7.

Outrossim, expressa-se a respeito Böckenförde:

> *Com isso, foram estabelecidos o reconhecimento e a consideração da dignidade humana como princípio normativo e vinculante para todas as ações do Estado e, inclusive, para a vida em sociedade. Isso significa que a Lei Fundamental preconizou o reconhecimento e a consideração de todo ser humano como indivíduo portador de direitos fundamentais e de liberdade para agir com responsabilidade, e que tais prerrogativas da pessoa humana não são disponíveis. O reconhecimento e a consideração da dignidade humana apresentam-se como o fundamento dos direitos fundamentais, inclusive como fundamento do direito à vida, devendo o princípio da dignidade humana, portanto, também dirigir a interpretação e a aplicação dos direitos fundamentais.*[58]

Ainda sobre o alcance e aplicação dos direitos humanos, a Constituição brasileira determina no artigo 4°, inciso II, *in verbis*: Art. 4°. A República Federativa do Brasil rege-se nas suas relações internacionais pelos seguintes princípios: II – prevalência dos direitos humanos.[59]

Finalmente, no tocante ao exercício do direito à vida como um direito fundamental a ser protegido, a Constituição Federal de 1988 traz em seu bojo, no capítulo primeiro que trata dos direitos e deveres individuais e coletivos o artigo 5° que assim expressa, *in verbis*:

> *Art. 5°. Todos são iguais perante a lei, sem distinção de qualquer natureza, garantindo-se aos brasileiros e aos estrangeiros residentes no País a inviolabilidade do direito à vida, à liberdade, à igualdade, à segurança e à propriedade, nos termos seguintes.*[60]

---

[58] BÖCKENFÖRDE, Ernst-Wolfgang, op. cit, p. 61.
[59] Constituição brasileira de 1988, op. cit, p. 7.
[60] Op. cit, p. 7.

Assim, no que diz respeito à primazia do direito à vida como a tônica central deste trabalho, têm-se as palavras de José Afonso da Silva para convalidar esse posicionamento:

Por isso é que ela (a vida) constitui a fonte primária de todos os outros bens jurídicos. De nada adiantaria a Constituição assegurar outros direitos fundamentais, como a igualdade, a intimidade, a liberdade, o bem-estar, se não erigisse a vida humana num desses direitos. No conteúdo de seu conceito se envolvem o direito à dignidade da pessoa humana, o direito à privacidade, o direito à integridade físico-corporal, o direito à integridade moral e, especialmente, o direito à existência.[61]

2.3. BIODIREITO CONSTITUCIONAL

O Biodireito foi conceituado por Maria Helena Diniz como o "estudo jurídico que, tomando por fontes imediatas a bioética e a biogenética, teria a vida por objeto principal"[62]. De forma complementar, Maria Garcia entende que o Biodireito "é o conjunto de normas jurídicas que têm como princípios informadores a dignidade da pessoa humana e a proteção da vida, além do equilíbrio ecológico".[63] Nesse sentido, o Biodireito é o novo ramo jurídico que nasce em decorrência da biotecnologia. Os avanços tecnológicos e científicos, principalmente nas áreas da biomedicina e biogenética determinaram limites muito tênues entre a ciência e a proteção da vida.

Diante de questões polêmicas como a clonagem humana, pesquisa com células-tronco embrionárias, pesquisas com seres humanos e o próprio abortamento de fetos que apresentem malformação congênita, o Biodireito desponta como o divisor de águas, para definir quais parâmetros jurídicos e mesmo éticos devem ser considerados nos limites que se impõe a este progresso científico.

---

[61] SILVA, José Afonso da. **Curso de Direito Constitucional Positivo**. 17ª ed. São Paulo: Malheiros Editores, 2000, p. 201.

[62] DINIZ, Maria Helena. **O Estado Atual do Biodireito**. 2ª ed. São Paulo: Saraiva, 2002, p. 8.

[63] GARCIA, Maria *apud* PEDRA, Adriano Sant'Ana. Transplante de órgãos e o biodireito constitucional. **Revista de Direito Constitucional e Internacional**. São Paulo, ano 15, nº 61, out/dez, 2007, p. 8.

Para Renata da Rocha ao Biodireito:

> *Cumpre a missão de guardar a vida humana, no sentido de proteger, de tutelar, de assegurá-la, tanto com relação ao ser humano individualmente considerado quanto com relação ao gênero humano, tanto com relação às presentes quanto às futuras gerações, em qualquer etapa de seu desenvolvimento, da concepção à morte, onde quer que se encontre, garantindo não só a vida, mas, sobretudo, vida digna, vida com dignidade.*[64]

O Biodireito Constitucional, por conseguinte, pode ser compreendido como a intersecção do ramo jurídico acima descrito – que se coloca frente aos desafios da biotecnologia – com a Constituição, que se apresenta como corolário daquele. Desse modo, o Biodireito Constitucional está abalizado nos artigos 5º, que trata diretamente da proteção ao exercício do direito à vida, bem como no artigo 225 da Constituição Federal, senão vejamos, *in verbis*:

> **Art. 225.** *Todos têm direito ao meio ambiente ecologicamente equilibrado, bem de uso comum do povo e essencial à sadia qualidade de vida, impondo-se ao Poder Público e à coletividade o dever de defender e preservá-lo, para as presentes e futuras gerações.*[65]

Tomando por base o constitucionalismo do século XXI, vale ressaltar o conceito de Reinaldo Pereira e Silva dado ao Biodireito:

> *Inspirado pela nova concepção de positivismo, ou seja, pelo constitucionalismo dos direitos humanos, pode-se dizer que o biodireito é a compreensão do fenômeno jurídico enquanto conhecimento prático visceralmente empenhado na promoção da vida humana. Além das prerrogativas humanitárias de uma ou outra forma já asseguradas*

---

[64] ROCHA, Renata. **O Direito à Vida e a Pesquisa com Células-Tronco**. Rio de Janeiro: Elsevier, 2008, pp. 131 e 132.

[65] Constituição brasileira de 1988, op. cit, p. 67.

> *pela modernidade nas dimensões de liberdade, igualdade e fraternidade, o empenho na promoção da vida humana também impõe ao biodireito a incorporação em seu raio de reivindicação de prerrogativas negadas pela persistência da pré-modernidade e de prerrogativas atropeladas pelo advento da pós-modernidade.*[66]

Com relação à reaproximação do Direito à ética, também de inspiração no modelo do constitucionalismo do século atual, explana Pereira e Silva:

> *O respeito que é devido à dignidade humana, como a mais consequente implicação do reencontro do direito com a ética, ampara-se então em dois desdobramentos da ideia de duração: 1) todos os integrantes da espécie humana devem ser igualmente respeitados; e 2) o respeito deve ser assegurado independentemente do grau de desenvolvimento individual das potencialidades humanas, isto é, desde a concepção, ainda que extrauterina, até a fase adulta. Somente afastando-se das limitações mecanicistas da tecnociência é possível afirmar que todo ser humano é pessoa e possui direitos que emanam de sua própria natureza.*[67]

Ademais, o mesmo autor assim considera:

> *Na verdade, todos os direitos humanos coexistem num mesmo território, o da dignidade humana. Ocorre que tal território ainda se encontra em grande parte inexplorado. É nesse sentido que se considera o biodireito a nova fronteira dos direitos humanos. Fronteira que, uma vez conquistada, não apenas amplia o território das prerrogativas reconhecidas pela consciência ética da humanidade, mas permite redefinir a própria ideia de dignidade humana.*[68]

---

[66] SILVA, Reinaldo Pereira e. **Biodireito: a nova fronteira dos direitos humanos**. São Paulo: Ltr, 2003, p. 31.

[67] Op. cit, pp. 104 e 105.

[68] Op. cit, p. 20.

Capítulo 3

A ÉTICA COMO PRESSUPOSTO DA DIGNIDADE DA PESSOA HUMANA

3.1. DA ÉTICA À BIOÉTICA

3.1.1. A ÉTICA COMO LIMITE DA CIÊNCIA

> *Os verdadeiros problemas éticos são conflitos entre imperativos. Do mesmo modo que doravante passa a existir conflito entre o imperativo do conhecimento pelo conhecimento – que é o da ciência – e o imperativo de salvaguardar a humanidade e a dignidade do homem.*
> **Maria Garcia**

Se há bem pouco tempo a mulher era capaz de conceber uma criança sem sequer saber o sexo daquele ser que se tornaria seu filho, hoje, com os avanços da Medicina, a gravidez é acompanhada desde os momentos iniciais, até mesmo desde a concepção e anterior a ela, se falarmos em reprodução humana assistida. Isso tudo representa um ponto positivo, porque o número de mortes em decorrência do parto diminuiu sensivelmente, a saúde da mulher e do feto recebeu atenção redobrada. Bem como, ampliou-se a possibilidade de se reverter o quadro da infertilidade mediante técnicas que permitiram a fecundação de casais estéreis.

Esse aparato biotecnológico, ou seja, da tecnologia aplicada à saúde, também fez desenvolver o campo da Medicina Fetal, de maneira tal que se tornou possível constatar anomalias enquanto o feto ainda se desenvolve no útero materno, inclusive quando ele apresenta um dos Defeitos de Fechamento do Tubo Neural, dentre os quais a anencefalia.

O aspecto científico desta anomalia fetal, qual seja, a anencefalia, será mais bem tratado no próximo capítulo. Porém, o que se pode adiantar é que se trata de um tipo de deficiência grave, sem possibilidade de cura, levando o bebê a óbito após o parto, geralmente, em aproximadamente 2 dias.

A ciência parece ter-nos revelado um mundo observável a olho nu, por que não, um "admirável mundo novo"? O que antes era tido como misterioso e inexplicável, agora é dissecado até os mínimos detalhes, do átomo ao espaço sideral. Não restam fronteiras, quer sejam em termos de distâncias físicas que foram superadas pelos foguetes espaciais, quer sejam no universo do microcosmo, no qual os potentes microscópios puderam acessar.

Entretanto, a despeito de todas as benesses que a ciência e mais precisamente, a biotecnologia, possa ter concedido, há um grupo expressivo de filósofos e estudiosos do direito levantando a bandeira de que a ciência está submetida a limites, ou seja, a critérios que vão nortear as ingerências que promovem na sociedade. Assim, o limite da ciência é a ética.

Propõe-se no presente trabalho a reflexão acerca da interferência que o homem, pautado no amparo da ciência, tem em decidir sobre a vida de um ser humano. Isso porque, apesar de o bebê anencéfalo, em função de sua grave anomalia não ter, na maioria dos casos, chances de sobrevivência após o nascimento, enquanto este ser estiver no ventre materno ele está vivo.

3.1.2. TEORIAS ÉTICAS

a) Ética clássica

Com isso, faz-se mister o estudo da ética, tanto no seu aspecto filosófico, como também no fundamento axiológico que visa definir o critério de justiça da norma jurídica.

A palavra ética tem origem grega: *ethos*, que diz respeito ao caráter. No aspecto filosófico, a ética pode ser entendida como o estudo das noções e princípios que sustentam as bases da moralidade social e da vida individual.[69]

Não se pode confundir ética com moral, porque esta última tem caráter prescritivo e normativo, uma vez que estabelece o conjunto de regras as quais um determinado grupo social deve seguir. A ética, por outro lado, pode ser entendida como a reflexão acerca do código definido pelas normas morais, compreendendo a relação do homem com estes preceitos de conduta.

No Dicionário Jurídico de Maria Helena Diniz, a ética é definida sobre vários prismas. Assim descreve a autora:

> *a) Estudo filosófico dos valores morais e dos princípios ideais do comportamento humano; b) deontologia; c) ciência dos costumes ou moral descritiva (Ampère); d) conjunto de prescrições admitidas por uma sociedade numa dada época; e) ciência que tem por objeto a conduta humana; etologia; etografia; f) ciência que toma por objeto imediato o juízo de apreciação de atos; juízo de valor relativo à conduta (Lalande); g) ciência do comportamento moral do ser humano no convívio social (Geraldo Magela Alves); teoria ou investigação de uma forma de comportamento humano.*[70]

Entretanto, o que se verifica é que várias são as teorias éticas ao longo da história. Assim, Olinto Pegoraro afirma que tendo se iniciado na Antiguidade, a ética surge pela natureza humana que se insere no cosmos também

---

[69] BITTENCURT, Renato Nunes. Introdução à ética. **Discutindo Filosofia**. São Paulo, Ano 2, nº 11, p. 35.

[70] DINIZ, Maria Helena. **Dicionário Jurídico**. 2ª ed. São Paulo: Saraiva, 2005, p. 509.

regido por leis naturais ou pelas divindades. Posteriormente, na era cristã é acrescentada à concepção ética o criacionismo, ou seja, a ideia da criação divina do universo e do homem como obras de Deus.[71]

b) Ética kantiana

Mais tarde, a modernidade instaura um novo enfoque sobre a ética, de modo que rompe com o antigo modelo metafísico e teológico dos dois períodos antecessores. O fundamento da ética passa a ser a razão e Immanuel Kant o maior expoente desta doutrina. Pegoraro entende que há uma característica comum aos três paradigmas éticos acima descritos, qual seja, a interiorização da ética, posto que esta desenvolve-se na consciência humana.

Kant não somente se destaca enquanto um filósofo do período iluminista, do século das luzes, mais do que isso, ele representou um verdadeiro divisor de águas na história da filosofia ocidental, de modo a se tornar referência para quase todas as demais teorias éticas que o sucedem. A filosofia kantiana se fundamenta na autonomia da vontade que é conduzida pela razão e vai servir de base para a norma do agir moral. Assim, segundo Pegoraro:

> *O objetivo central da ética kantiana é mostrar que existe uma razão pura prática capaz, por si só, de determinar a vontade sem recorrer à sensibilidade e à experiência; operando por si só é, por isso, a priori, isto é, anterior à experiência. Portanto, Kant distancia-se definitivamente da razão empiricamente condicionada pela experiência, como pensavam os filósofos gregos e medievais.*[72]

Dessa forma, a ética kantiana se constrói a partir de três elementos: a razão, a vontade e a liberdade. A moral em Kant é vista como a transformação de um ser humano que antes é simplesmente biológico e sensível, ou seja, limitado a uma concepção moral subjetiva e particular para um ser humano racional e inteligente que submete sua vontade a uma lei moral universal.

---

[71] PEGORARO, Olinto. **Ética dos Maiores Mestres através da História**. Petrópolis: Vozes, 2006, p. 9.

[72] "Portanto, o homem é, ao mesmo tempo, sensibilidade e razão e pode seguir seus impulsos naturais ou os apelos da racionalidade; nesta possibilidade de escolha consiste a sua liberdade, que faz dele um ser moral quando submete sua liberdade ao império da razão" (Op cit, p. 102).

Nesse contexto, Kant prepara as bases justificantes de sua ideia central que é o imperativo categórico. Os enunciados categóricos ou absolutos podem ser entendidos como leis práticas e válidas de forma incondicional para todos. Com a pretensão de serem universais, estabelecem o cumprimento do dever pelo dever. Na verdade, três são os imperativos categóricos de Kant: "Age de tal modo que a máxima de tua vontade seja sempre válida, ao mesmo tempo, como princípio de uma legislação universal".[73]

O que se pode aferir dessa assertiva é que não se trata de uma norma com um conteúdo determinado, ou seja, estar de acordo com a moral não seria fazer algo específico, mas se entregar a um padrão de comportamento que possa ser praticado por todos sem distinção. Encerra-se com isso, uma noção de justiça que é balizada pela ética, portanto, justo é o que se aplica a todos.

O segundo imperativo categórico de Kant prescreve: "Age de tal modo que consideres a humanidade, tanto em tua pessoa como na pessoa de todos os outros, sempre como fim e nunca como simples meio".[74] A partir desse enunciado o filósofo alemão deixa claro que a dignidade é condição inerente ao ser humano, daí porque a Constituição Federal Brasileira de 1988 consagra em seu artigo 1º, inciso III, como um dos fundamentos do Estado Democrático de Direito o princípio da dignidade da pessoa humana.

Finalmente, o terceiro imperativo categórico: "Age de tal modo que a vontade, com sua máxima, possa ser considerada como legisladora universal a respeito de si mesma".[75] Ao analisar essa última formulação, Pegoraro afirma que pode ser entendida como a síntese da ética kantiana, pois aqui o teórico alemão demonstra que a lei moral é produto da racionalidade livre do homem.

Logo, conclui Olinto Pegoraro que:

> *Enfim, os três enunciados dizem a mesma coisa com detalhes diferenciados. A primeira destaca a razão que se dá uma máxima subjetiva que deve converter-se em lei universal objetiva; a segunda evidencia a dignidade da razão humana como única dignidade entre a utili-*

---

[73] KANT, Immanuel. **Crítica da Razão Prática**. Lisboa: Edições 70, 1986, p. 42 *apud* PEGORARO, Olinto, op. cit, p. 106.

[74] KANT, Immanuel. **Fundamentação da Metafísica dos Costumes**. Lisboa: Edições 70, 2007, p. 69.

[75] Op. cit, p. 80.

dade de todas as outras coisas da natureza e que, por isso mesmo, é imperioso respeitá-la sempre como fim em si; por isso os seres racionais formam o reino dos fins, isto é, o conjunto dos seres dotados de dignidade e, por isso, merecedores do respeito moral. A terceira coloca em plena luz a função autolegislativa da razão pela qual impõe limites à sua própria liberdade: nisto está toda a ética kantiana.[76]

c) Ética objetiva

Hodiernamente, vive-se sob a égide de teorias éticas que acrescentam um novo enfoque àquela estabelecida por Kant. Enquanto esta se pautava na subjetividade, o que se tem agora é uma ética objetiva e vários são os paradigmas que definem suas teorias. Dessa forma, na contemporaneidade, as teorias mais comuns a respeito da ética são: a ética discursiva, a ética da reciprocidade, a ética da justiça, a ética dos direitos humanos e a ética da utilidade (utilitarismo).

Assim, a ética discursiva tem por princípio básico a universalização, este princípio seria criado através de um diálogo objetivo que todos podem reconhecer como norma moral universal. A ética da reciprocidade por outro lado, é construída pela relação de dois sujeitos que buscam uma convivência digna, reconhecendo-se como duas existências de igual valor moral. A ética da justiça, assim como a discursiva surge de um consenso, a justiça pode ser entendida para Pegoraro como o princípio fundamental das estruturas sociais de uma sociedade bem ordenada. [77]

Antes mesmo das teorias éticas acima mencionadas, já no século XVIII surge o utilitarismo que tem por princípio básico a busca pela produção do maior bem estar possível para o maior número de pessoas. Com a intenção de se tornar uma ciência humana, a ética utilitária de Jeremy Benthan visa somente àquilo que seja útil e para o maior número de indivíduos, ainda que isso represente um prejuízo para a minoria.

A ética de direitos humanos, por outro lado, fundamentada na luta empreendida ao longo dos séculos para que se reconheçam direitos mínimos próprios dos seres humanos, busca atingir a todos sem distinções. Além disso,

---

[76] PEGORARO, Olinto, op. cit p. 108.
[77] Op. cit, pp. 11 e 12.

os direitos humanos têm por objetivo proteger, principalmente, os cidadãos que se encontram em grupos mais fragilizados, como os deficientes físicos, os negros e os homossexuais.

3.1.3. BIOÉTICA

a) Conceito

O panorama histórico traçado acima sobre a ética chega aos dias atuais, em que vários são os dilemas éticos que se apresentam à sociedade e por consequência, ao próprio Direito. Com isso, têm-se o caso das células--tronco embrionárias que tiveram liberação para pesquisa concedida pelo STF (Supremo Tribunal Federal), a eutanásia e a distanásia frente aos aparelhos que prolongam o curso da vida vegetativa e o próprio caso do abortamento de bebês anencéfalos, que é objeto de estudo do presente trabalho, submetido a julgamento pelo mesmo Tribunal Superior.

Portanto, diante de uma sociedade que agora pode ser tida como biotecnológica, a ética assume novos contornos e no afã de responder a esse paradigma atual, é que nasce a Bioética, estabelecida a partir da ciência. Do grego *bíos* (vida) e *éthos* (comportamento), a Bioética significa ética da vida, ou melhor a conduta humana nas ciências da vida, sendo, portanto, uma parte da ética.[78]

b) Princípios da Bioética

No que se aplica à relação Médico-paciente, os princípios básicos delimitados pela Bioética são o da autonomia do paciente, da não-maleficência e da beneficência para o paciente. Portanto, cabe ao médico condutas que não causem danos ao doente, mas, pelo contrário, que promovam benefícios à sua saúde.

Maria Celeste C. L. Santos conceitua o princípio da beneficência (*bonum facere*) como a obrigatoriedade que tem o profissional da saúde em promover o bem ao paciente, baseado na relação de confiança que se estabelece. O princípio da não maleficência, por sua vez, também advindo da relação de confiabilidade implica em não infringir qualquer tipo de dano ao enfermo. Já o princípio da autonomia diz respeito à capacidade que tem a racionalidade humana de autogovernar-se.[79]

---

[78] MARCHIONNI, Antonio. **Ética: a arte do bom**. Petrópolis: Vozes, 2008, p. 335.
[79] SANTOS, Maria Celeste Cordeiro Leite. **Equilíbrio do Pêndulo – a Bioética e a Lei: implicações médico-legais**. São Paulo: Ícone Editora, 1998, p. 42 e 43.

Entretanto, em Medicina Fetal, o princípio de autonomia declarado pela Bioética não pode ser absoluto, pois nessa ocasião existem dois pacientes a serem assistidos: a gestante e o feto. Dessa forma, os princípios da não-maleficência e da beneficência também se aplicam ao nascituro. Daí porque Maria Celeste Santos declara: "O bem mais genérico que está protegido pelo princípio da autonomia é a liberdade de realizar qualquer conduta que não prejudique a terceiros."[80]

Sobre o assunto, assim se manifesta Zugaib:

> (...) em Medicina fetal, lidamos, de fato, com uma terceira individualidade: o feto, alçado ao status de paciente. Isto transforma, inevitavelmente, a relação médico-paciente em um trinômio médico-gestante (ou casal) – feto, e coloca importantes questões éticas relativas ao manejo de situações diagnósticas e terapêuticas e ao relacionamento com a sociedade e suas normas.[81]

Além dos princípios acima mencionados, Maria Celeste Santos ainda faz referência ao princípio da justiça:

> É o princípio da justiça que obriga a garantir a distribuição justa, equitativa e universal dos benefícios dos serviços de saúde. Impõe que todas as pessoas sejam tratadas de igual maneira, não obstante, suas diferenças, surge aqui a regra da privacidade. A justiça, sob diversos nomes, governa o mundo, natureza e humanidade, ciência e consciência lógica e moral, política, história e arte. A justiça é o que há de mais primitivo na alma humana, de mais fundamental na sociedade.[82]

---

[80] Op. cit, p. 43.

[81] ZUGAIB, Marcelo; PEDREIRA, Denise Araújo Lapa; BRIZOT, Maria de Lourdes et al. **Medicina Fetal**. 2ª ed. São Paulo: Editora Atheneu, 1997, p. 7.

[82] SANTOS, Maria Celeste Cordeiro Leite, op. cit, p. 45.

Ainda, sobre o *status* do paciente, Zugaib conclui no seguinte sentido: "alguém é um paciente quando se tem as obrigações para com ele com base no princípio da beneficência e da não maleficência".[83]

De acordo com tal entendimento, o feto anencéfalo também deve ser considerado sujeito de direitos para critérios clínicos, cabendo-lhe, como a todo e qualquer feto, a condição de paciente. Logo, não somente os princípios da Bioética lhes são concernentes, como também todo o rol de princípios dispostos na Constituição Federal de 1988.

3.2. BIOPODER

O Biopoder pode ser entendido como a atuação do Estado, enquanto ente constituído de poder, sobre o corpo e a saúde do cidadão que está sob o comando da autoridade governamental. Assim, como já vem sendo demonstrado no trabalho, as arbitrariedades cometidas pelos entes estatais, seja na pessoa do rei ou presidente de uma nação são constantes na história. Nesse sentido, o poder do governante se dava em várias esferas da vida do indivíduo, restringindo de maneira significativa seus direitos.

Com base nessa perspectiva é que, em 1215, a *Magna Carta* instaura o embrião do que viria a se tornar o princípio do devido processo legal, cujo objetivo era justamente o de impedir que fossem cometidas injustiças do Rei para com seus servos.

Posteriormente, a Revolução Francesa, mediante batalhas, impõe o lema da liberdade, igualdade e fraternidade, (*liberté, égalité, fraternité*) derrubando o instituto do *Ancien Régime* e dando início ao processo de equiparação de direitos. Os privilégios de cargos e da nobreza foram destituídos para dar lugar, na era da razão, ao primado da lei.

Já em tempos contemporâneos, o Estado legalista transforma a nação alemã em palco de genocídios, motivados por preconceitos atrozes. Nesse diapasão, é que surge a Declaração Universal dos Direitos Humanos para consolidar direitos pertencentes a todos os seres humanos, indistintamente.

---

[83] ZUGAIB, Marcelo; PEDREIRA, Denise Araújo Lapa; BRIZOT, Maria de Lourdes *et al.*, op. cit., p. 8.

Atualmente, o ordenamento jurídico fundamenta-se na consagração do Estado Democrático de Direito. Junto com ele, o mundo tecnológico avança a galopes. A biotecnologia não é diferente, sendo responsável pelos maiores progressos na área da Medicina, como a ultrassonografia.

Contudo, o que se espera é um posicionamento coerente do Estado frente ao mundo biotecnológico, não atuando de maneira prejudicial àquelas vidas mais fragilizadas em nome da interpretação da dignidade humana em uma só vertente, considerando a mãe em detrimento do feto.

Dessa forma, o biopoder que se instala cada vez mais na sociedade, não pode possuir uma característica negativa, dando ao ente governamental o poder de decidir quem deve viver ou morrer. Tal papel parece pertencer à natureza.

Logo, diante do quadro traçado, o estudo aqui realizado visa convocar o princípio do devido processo legal, para mais uma vez atuar na defesa do cidadão contra arbitrariedades do Poder Público, que agora se transmuta na figura do Biopoder.

Capítulo 4

A VIDA COMO DIREITO FUNDAMENTAL

4.1. O ABORTAMENTO

Em termos jurídicos, aborto, como é comumente conhecido o ato de abortar, na verdade se trata do produto do abortamento, ou melhor, o feto. Assim impedir que a criança venha a nascer, tirando sua vida ainda no ventre materno é o que caracteriza o abortamento. O significado etimológico de abortar é o de "retirar algo de onde está sendo cultivado", de modo que o prefixo *ab* seria entendido como tirar, enquanto que *hortus*, jardim cercado.[84]

Geralmente, ao ser provocada a morte do feto pelo abortamento, este é expelido do ventre materno. Com isso, por vezes, há a dissolução e reabsorção

---

[84] FÜHRER, Maximiliano Roberto Ernesto; FÜHRER, Maximilianus Cláudio Américo. **Código Penal Comentado**. São Paulo: Malheiros Editores, 2008, p. 224.

do embrião. Contudo, pode ocorrer ainda, que mesmo após o aborto, haja a mumificação ou a calcificação do feto, permanecendo, portanto, no interior do útero, sem a sua expulsão.[85]

Paulo José da Costa Júnior conceitua o aborto como a interrupção voluntária da gestação, com a consequente morte do produto da concepção, ou seja, o feto. Ainda entende que a Lei Penal brasileira não fez qualquer distinção entre óvulo fecundado, embrião ou feto. O autor determina uma classificação para os tipos de aborto, considerando que este pode ser ovular, quando realizado nos dois primeiros meses de gravidez; embrionário, se for praticado no terceiro ou quarto mês de gestação; ou fetal, caso ocorra nos demais períodos.[86]

Para o Dicionário Jurídico Acquaviva, abortamento é a "interrupção do processo da gestação, resultando na morte do feto".[87] O dicionário Aurélio não trata do termo abortamento, mas conceitua abortar como sendo a eliminação prematura do útero de produto proveniente da concepção.[88] Ao contrário do que se imagina, a prática do abortamento não é privilégio da sociedade atual ou "civilizada" como querem alguns. Na Roma antiga, o abortamento já era realizado, devido ao grande poder concedido ao chefe de família romano em função do pátrio poder e também em razão do feto ser considerado parte do corpo da mãe (*pars viscerum matris*). Por isso, o abortamento, o enjeitamento de crianças livres e mesmo o infanticídio do filho de uma escrava eram tidos como práticas legais. Assim, o pai deveria levantar a criança do chão para demonstrar o reconhecimento daquele filho que acabara de nascer, caso contrário ele seria exposto diante da casa ou num monturo público, quem quisesse que o recolhesse.

---

[85] COSTA JÚNIOR, Paulo José da. **Curso de Direito Penal**. São Paulo: Saraiva, 1991, p. 20.

[86] O jurista ainda define os meios que podem ocasionar o abortamento: "Os processos empregados para o aborto poderão ser químicos (fósforo, chumbo, mercúrio, arsênio), orgânicos (estricnina, quinina, ópio), físicos (mecânicos, elétricos ou térmicos) ou psicológicos (sustos, terror, ameaça, sugestão)."(Op. cit, p. 21).

[87] ACQUAVIVA, Marcus Cláudio. **Dicionário Jurídico Brasileiro Acquaviva**. 11ª ed. São Paulo: Editora Jurídica Brasileira, 2000.

[88] FERREIRA, Aurélio Buarque de Holanda. **Miniaurélio: o minidicionário da língua portuguesa**. Curitiba: Psigraf, 2004, p. 83.

Para Francisco Quintanilha Véras Neto:

> *O abandono de crianças condicionava-se a diferentes motivos, que iam desde a má formação do feto até questões relacionadas à classe social, sendo a criança enjeitada tanto por miséria como por políticas familiares de sucessão entre os ricos, visando a permitir a educação mais aprimorada para uma pequena prole.*[89]

Esparta também é bastante conhecida pela prática da eugenia, ou seja, seleção de crianças que deveriam viver ou morrer por razões de melhoramento da raça, em detrimento daquelas que não detivessem os critérios necessários. A cidade espartana formava cidadãos que pudessem ser aptos a lutar nos combates militares. Desse modo, aqueles que apresentassem qualquer tipo de deformação não podiam ser tolerados.

Atualmente, frente a um desenvolvimento da área estética de proporções inimagináveis – cirurgias plásticas capazes de rejuvenescer e mesmo moldar corpos perfeitos, tratamentos dermatológicos e hormonais que eliminam rugas, a utilização de tecnologia de ponta como a nanotecnologia e a possibilidade de alterações genéticas – levou a formação de uma sociedade de padrões rigorosos quando o assunto é o corpo humano.

Os valores que permeiam a sociedade brasileira e mundial atual são extremamente materialistas, em que se perde de vista a interação afetiva, própria do gênero humano. A massificação e o consumo desenfreado que se iniciou com mais precisão no século XVIII com a Revolução Industrial, tem suas consequências sentidas até hoje em pleno século XXI. A necessidade que têm as indústrias de vender cada vez mais, e aqui se pode incluir, principalmente, as indústrias farmacêuticas, leva a supressão de questionamentos éticos acerca dos direitos e deveres dos seres humanos, inclusive no campo do Direito Ambiental.

Nesse aspecto, os meios de comunicação exercem um papel primordial, na medida em que bombardeiam os cérebros com mensagens de consumo constantes na televisão, rádio e pelas propagandas espalhadas nas cidades, além dos próprios filmes e novelas que incitam a população a buscar uma

---

[89] VÉRAS NETO, Francisco Quintanilha. Direito romano clássico: seus institutos jurídicos e seu legado. *In*: WOLKMER, Antonio Carlos [Coord.]. **Fundamentos de História de Direito**. Belo Horizonte: Del Rey, 2004, p. 116.

vida de perfeição ilusória. Com isso, não se fala em outra coisa: são os produtos dietéticos e sem nenhuma gordura, são os aparelhos milagrosos que prometem um corpo definido em poucos dias. Além disso, há as cirurgias estéticas que facilitam o pagamento para que no verão já se possa exibir um corpo irretocável. Vive-se em uma cultura de exaltação do corpo. Todos os benefícios em prol da saúde corporal são bem vindos, o problema é quando a saúde se torna a menor das preocupações e é até mesmo preterida, porque não se fala dos riscos fatais de uma cirurgia plástica, por exemplo.

Um dos maiores avanços biotecnológicos, a reprodução sexual humana assistida, possibilitou aos pais que escolham as características do seu futuro bebê. Assim, o perfil do doador do sêmen já é previamente selecionado, mas, além disso, lhes é dada ainda a permissão de escolher o sexo, bem como a cor dos olhos de seus filhos. Nesse contexto, até mesmo o filho se tornou um objeto de consumo.

Em reflexão sobre a obra de Huxley, Böckenförde declara:

> *O que Aldous Huxley formulou com evidência em seu adorável mundo novo como utopia negativa, apontando a produção de homens, cujas respectivas características foram estabelecidas de antemão; que foram fabricados, sim, em sentido real –, apresenta-se hoje como opção possível, e não mais como utopia irreal. Conceitos como* criança virtual *ou de* bebês sob medida *(designerbabys), a princípio, não parecem mais absurdos. "Quem quer ter filhos, poderá escolher a cor dos seus cabelos ou determinar os seus quocientes de inteligência", explicou, em síntese, a professora Judith Mackay, membro proeminente da Organização Mundial de Saúde.*[90]

Sobre a sociedade de consumidores assim expressa Zygmunt Bauman:

> *Se a* cultura consumista *é o modo peculiar pelo qual os membros de uma sociedade de consumidores pensam em seus comportamentos ou pelo qual se comportam "de forma*

---

[90] BÖCKENFÖRDE, Ernst-Wolfgang. Dignidade humana como princípio normativo: os direitos fundamentais no debate bioético. *In*: SARLET, Ingo Wolfgang; LEITE, George Salomão. **Direitos Fundamentais e Biotecnologia**. São Paulo: Método, 2008, p. 60.

irrefletida" – ou, em outras palavras, sem pensar o que consideram ser seu objetivo de vida e o que acreditam ser os meios corretos de alcançá-lo, sobre como separam as coisas e os atos relevantes para esse fim das coisas e atos que descartam como irrelevantes, acerca de o que os excita e o que os deixa sem entusiasmo ou indiferentes, o que os atrai e o que os repele, o que os estimula a agir e o que os incita a fugir, o que desejam, o que temem e em que ponto temores e desejos se equilibram mutuamente –, então a sociedade de consumidores representa um conjunto peculiar de condições existenciais em que é elevada a probabilidade de que a maioria dos homens e das mulheres venha a abraçar a cultura consumista em vez de qualquer outra, e de que na maior parte do tempo obedeçam aos preceitos dela com máxima dedicação.[91]

Sendo assim, em uma sociedade que questiona o porquê de se ter um nariz torto, já que se pode fazer plástica. Ou o porquê de uns quilos a mais, pois, pode-se realizar uma lipoaspiração. A pergunta, porque ter um bebê com anencefalia se ele vai sobreviver por algumas horas, parece bastante sensata, a final de contas, por que sofrer? Vive-se em uma época pautada na filosofia hedonista, ou seja, aquela que considera o prazer o fim único a ser alcançado, custe o que custar.[92]

4.1.1. ASPECTO JURÍDICO

O crime de aborto já encontrava punição desde tempos remotos da humanidade. Com isso, na antiga Babilônia por volta de 1750 a.C., o Código

---

[91] BAUMAN, Zygmunt. **Vida para Consumo: a transformação das pessoas em mercadorias**; trad. Carlos Alberto Medeiros. Rio de Janeiro: Jorge Zahar Ed., 2008, p. 70.

[92] ABBAGNANO, Nicola. **Dicionário de Filosofia**. São Paulo: 2003, p. 497: "Hedonismo: termo que indica tanto a procura indiscriminada do prazer, quanto a doutrina filosófica que considera o prazer como o único bem possível, portanto como o fundamento de vida moral. Essa doutrina foi sustentada por uma das escolas socráticas, a Cirenaica, fundada por Aristipo; foi retomada por Epicuro, segundo o qual "o prazer é o princípio e o fim da vida feliz". O hedonismo distingue-se do utilitarismo do séc. XVIII porque, para este último, o bem não está no prazer individual, mas no prazer do "maior número possível de pessoas", ou seja, na utilidade social."

de Hamurabi já estabelecia punição para aborto resultante de agressão de um homem contra uma mulher. Führer compreende do texto babilônico que não se punia o autoaborto, o aborto sem agressão e quando a vítima fosse filha ou escrava do agressor. Contudo, em 1800 a.C., os assírios determinavam a pena de empalamento para a mulher que praticasse aborto.[93]

Com Séptimo Severo (146-211), o aborto passou a ser punido por analogia através de lei que tratava do crime de envenenamento, pois, entendia-se que a interrupção da gravidez interferia no direito do marido à prole. Em 506, na *Lex Romana Visigothorum* o auto-aborto era punido com escravidão.[94]

Na Idade Média, agregou-se o entendimento de que o feto era dotado de alma. Sendo assim, o Direito Canônico empregava punição conforme este fosse ou não animado, isto porque Santo Agostinho afirmava que o corpo do feto masculino tornava-se portador da alma após 40 dias da concepção, ao passo que o feminino aos 80 dias. Caso o feto possuísse alma a pena era de homicídio, porém, sendo o feto inanimado, ou seja, não constituído de alma, ainda assim havia punição por meio de exílio.[95]

No ano de 1869, Pio IX aboliu a diferença entre vítimas inanimadas e animadas. Contudo, o Iluminismo trouxe uma nova ótica sobre o crime de aborto: não sendo mais equiparado ao homicídio, as penas sofreram um abrandamento. Já no século XX, houve um forte movimento de origem predominantemente feminista pela legalização do aborto.[96]

Hodiernamente, o presente trabalho se debruça sobre o abortamento no caso específico de fetos anencéfalos. O debate já chegou à Corte Suprema por meio de Arguição de Descumprimento de Preceito Fundamental, com a solicitação de que o aborto, em caso de fetos que apresentem malformação congênita caracterizada por anencefalia, seja contemplado pela causa de exclusão da ilicitude.

Na seara do Direito Penal, o abortamento configura como Crime Contra a Vida. Ainda que se tenha tratado da diferenciação técnica que envolve o termo abortamento de aborto, o próprio Código Penal brasileiro utiliza-se da

---

[93] FÜHRER, Maximiliano Roberto Ernesto; FÜHRER, Maximilianus Cláudio Américo. **Código Penal Comentado**. São Paulo: Malheiros Editores, 2008, p. 223.

[94] Op. cit, p. 224.

[95] Op. cit, p. 224.

[96] Op. cit, p. 224.

expressão aborto para designar o crime de abortamento.[97] O abortamento pode ser também natural, quando a interrupção é espontânea; acidental, em caso de queda, por exemplo; legal, quando permitido pela legislação; ou criminoso.[98]

Dessa forma, o abortamento delituoso enseja várias figuras penais: o abortamento provocado pela gestante ou com seu consentimento, tipificado pelo artigo 124 do Código Penal, sendo sancionado por pena de detenção de um a três anos; o abortamento provocado por terceiro com ou sem consentimento da gestante, artigos 125 e 126 e a forma qualificada no artigo 127, caso em que da prática do aborto decorra lesão corporal de natureza grave à gestante ou se lhe sobrevém a morte.

O artigo 128 do Código Penal, por sua vez, trata do abortamento moral, caso em que a gestação foi proveniente de estupro e do abortamento terapêutico ou necessário, que é o praticado pelo médico a fim de salvar a vida da mãe quando a gravidez apresenta risco.

Paulo José da Costa Júnior prevê seis modalidades de abortamento, quais sejam: o auto-aborto, aquele provocado pela gestante em si própria, complementando, que o terceiro que contribuir responderá pelo mesmo crime; o aborto consentido pela gestante, correspondendo a um crime bilateral, em que dois são os co-autores: o terceiro e a gestante consenciente; aborto provocado não consentido, com previsão penal de três a dez anos (art. 125); aborto qualificado, segundo dispõe o art. 127, haverá o agravamento de um terço da pena se, em decorrência do aborto, a gestante vier a sofrer lesão corporal grave, duplica-se a pena se lhe sobrevier a morte, ressalva-se que agindo o sujeito com dolo, este responderia pelos crimes de aborto e lesões ou homicídio.[99]

---

[97] Neste trabalho nos reservamos ao direito de usar as duas nomenclaturas (aborto e abortamento) como se sinônimos o fossem.

[98] COSTA JÚNIOR, Paulo José da. **Curso de Direito Penal**. São Paulo: Saraiva, 1991, p. 20.

[99] Sobre o aborto consentido pela gestante: "O consentimento da mulher, que é inoperante por não ter ela disponibilidade sobre o feto, integra o tipo. Não precisa o consentimento ser expresso, podendo resultar da própria conduta passiva da gestante. Deverá ser válido, porém, o consentimento. Se a gestante for menor de catorze anos, débil mental ou o consentimento for obtido mediante fraude, o crime a ser punido é o do art. 125 (provocação de aborto sem consentimento da gestante). O elemento psicológico resulta do acordo de vontades, expresso ou tácito, entre o terceiro e a gestante consenciente. O terceiro, com a consciência e a vontade voltadas à realização do aborto em mulher grávida consenciente. Esta, dotada de consciência e vontade de prestar-se

Ainda nas espécies penais de abortamento designadas por Paulo José da Costa, são citados o aborto necessário e o aborto em caso de mulher vítima de estupro. O aborto necessário pode ser subdividido em terapêutico (curativo) e profilático, com fim preventivo. Nessa situação, competirá ao médico decidir, entretanto, o Código de Ética Médica sugere a consulta a uma junta médica, especificamente nesse caso, a lei confere o direito de vida e de morte sobre o feto (*jus necis et vitae*).[100]

No que tange ao caso dos bebês com malformação em decorrência de anencefalia, a Confederação Nacional dos Trabalhadores na Saúde (CNTS) no ano de 2004 impetra Arguição de Descumprimento de Preceito Fundamental, como acima afirmado. O objetivo é solicitar a declaração da inconstitucionalidade, com eficácia abrangente e efeito vinculante, da interpretação dos artigos 124, 126 e 128, incisos I e II, do Código Penal – Decreto-Lei nº 2.848/40 – como impeditiva da antecipação terapêutica do parto em casos de gravidez de feto anencéfalo, diagnosticados por médico habilitado, reconhecendo-se o direito subjetivo da gestante de assim agir sem a necessidade de apresentação prévia de autorização judicial ou qualquer outra forma de permissão específica do Estado.

Portanto, o objetivo da CNTS é designar o abortamento de anencéfalo como caso de aborto terapêutico, que é abrangido no Código Penal, de modo a excluir a ilicitude e, consecutivamente, a punibilidade do Médico que realiza o aborto, bem como da gestante que o consente. Contudo, entende-se que ainda que a gravidez acarrete dores emocionais e psicológicas para a gestante, o feto anencéfalo está vivo em seu ventre e, por conseguinte seu direito à vida não pode ser violado.

No caso em questão, em que se opõem o princípio de liberdade da mãe ao princípio fundamental da vida, o princípio da proporcionalidade e da ponderação de valores leva a crer que o bebê anencéfalo se apresenta como a vida mais fragilizada a ser protegida pela Constituição Federal, consubstanciada nos valores da Bioética de Direitos Humanos e no Biodireito Constitucional.

às práticas abortivas, ou de tolerá-las. As penas cominadas a ambos os co-autores são diversas: à mulher consenciente, detenção, de um a três anos; ao terceiro, reclusão, de um a quatro anos (art. 126)" (Op. cit, p. 22).

[100] COSTA JÚNIOR, Paulo José da, op. cit, p. 23: "Casos mais frequentes de aborto necessário são o estado epiléptico, graves vômitos incoercíveis, leucemia, cardiopatia, anemia perniciosa, polinefrite, hemorragias copiosas etc."

4.1.2. A PROTEÇÃO JURÍDICA DO EXERCÍCIO DO DIREITO À VIDA

A Constituição Federal brasileira de 1988 em seu artigo 5º, *caput*, reconhece no Título II dos Direitos e Garantias Fundamentais, a inviolabilidade do direito à vida. Ressalte-se que se trata de cláusula pétrea, de modo que contra ela não cabe emenda. A violação deste direito significa ruptura no próprio sistema jurídico.

Além disso, a Convenção Americana de Direitos Humanos (Pacto de São José da Costa Rica), ratificada pelo Brasil, em seu art. 4º, I, caminhando no mesmo sentido que a legislação brasileira estabelece que: "Toda pessoa tem direito a que se respeite a sua vida. Esse direito deve ser protegido pela lei e, em geral, desde o momento da concepção. Ninguém pode ser privado da vida arbitrariamente". Portanto, segundo o Pacto, o início da vida ocorre desde o momento da concepção.

Consolidando essa ideia, o Código civil brasileiro no artigo 2º, *in verbis*: "A personalidade civil da pessoa começa do nascimento com vida; mas a lei põe a salvo, desde a concepção, os direitos do nascituro". Dentre os quais, pode-se destacar o do exercício do direito à vida, garantido pela Constituição. A personalidade civil que é adquirida pelo recém-nascido após o parto tem por pressuposto que este nasça com vida, o Dicionário Jurídico Acquaviva assim se expressa sobre o assunto:

> *Vindo à luz viva, a criatura proveniente de mulher é tida, pela lei, como ser humano; irrelevante é a viabilidade do nascido; o que importa é a sua vitalidade. Nem a forma humana interessa à lei brasileira: se a criatura veio, viva, de mulher, é ser humano, seja sua forma natural ou monstruosa.*[101]

Portanto, nascendo com vida o anencéfalo é também portador de personalidade civil, o que lhe possibilita os direitos e deveres dispostos no novo Código Civil brasileiro, tais como o de sucessões. Desse modo, o bebê anen-

---

[101] ACQUAVIVA, Marcus Cláudio. **Dicionário Jurídico Brasileiro Acquaviva**. São Paulo: Editora Jurídica Brasileira, 2000, p. 975.

céfalo pode inclusive vir a herdar e transmitir bens, o que ocasiona uma forte consequência jurídica com o seu nascimento, ainda que lhe sobrevenha a morte.

No tema das sucessões, no caso de um indivíduo que tenha morrido e deixado sua esposa grávida de feto anencéfalo, se essa criança nascer morta, o patrimônio do *de cujus* (falecido) passará aos herdeiros dele, podendo ser seus pais. Porém, se o bebê nascer vivo e logo após vir a falecer, os bens de seu pai pré-morto, os quais o bebê anencéfalo herdou no momento em que nasceu com vida, passarão aos seus herdeiros, que nesse caso é a própria mãe.

Contudo, considerando a proteção do nascituro desde a concepção – entendendo-se por nascituro aquele ser humano que já foi concebido, mas que ainda se encontra no ventre materno – é que já se fala na seara do Biodireito Constitucional em pessoa constitucional de forma mais abrangente que o conceito de pessoa civil porque, enquanto esse último dá ao homem e à mulher a possibilidade de possuir direitos e deveres a partir de seu nascimento, aquele vai mais além e convalida os direitos que já lhe são inerentes enquanto gênero humano.

Será nesse sentido que Maria Helena Diniz defende que "a vida humana é um bem anterior ao direito, que a ordem jurídica deve respeitar".[102] A determinação do início da vida é tarefa difícil que caberá à Medicina e às ciências Biológicas definir, todavia, o conceito de vida já foi elaborado no plano jurídico. Sendo assim, para José Afonso da Silva a vida:

> *É mais processo (processo vital), que se instaura com a concepção (ou germinação vegetal), transforma-se, progride, mantendo sua identidade, até que muda de qualidade, deixando, então, de ser vida para ser morte. Tudo que interfere em prejuízo deste fluir espontâneo e incessante contraria a vida.*[103]

---

[102] DINIZ, Maria Helena. **O Estado Atual do Biodireito**. 2ª ed. São Paulo: Saraiva, 2002, p. 22.

[103] SILVA, José Afonso da. **Curso de Direito Constitucional Positivo**. São Paulo: Malheiros Editores, 1999, p. 200.

4.2. O BEBÊ ANENCÉFALO

4.2.1. ASPECTO CIENTÍFICO

A anencefalia está enquadrada no que a Medicina define como Defeitos do Tubo Neural, entendidos como malformações congênitas, que se dividem em subespécies, quais sejam, a própria anencefalia, a encefalocele, a espinha bífida, a exencefalia e a iniencefalia. A incidência de anencefalia é de um em cada mil nascidos vivos, variando em razão da localização geográfica e da condição socioeconômica.[104]

Interessante notar a referência do aspecto financeiro como uma das variantes na ocorrência da anencefalia, sugerindo, claramente, que a doença está ligada a fatores sociais como má alimentação, por exemplo. Isso demonstra que, considerando o critério econômico e ainda o nível de incidência da malformação, a anencefalia configura-se como um caso de saúde pública. De maneira que, deve-se convocar a responsabilidade do Estado para tratar do problema.

Sendo mais específica, a Medicina descreve a anencefalia e a espinha bífida como defeito aberto do tubo neural (DATN), que resulta da falha de fechamento do tubo neural ocorrendo até o 26º/28º dias de vida embrionária. A anencefalia caracteriza-se ainda, pela ausência da calota craniana e hemisférios cerebrais rudimentares ou ausentes, vindo a responder por cerca de metade dos casos de DATN.[105] Foi constatado que o risco de reincidência é de 1% a 4% se o casal já teve criança afetada pela DATN, e que este risco cresce para 15% quando dois filhos apresentaram o mesmo problema. Contudo, somente 5% das mães de bebês portadores de DATN têm antecedente da doença.

Ainda no que tange à incidência por razões geográficas, têm-se que em regiões da Irlanda o número de ocorrências é de 5 a 10 vezes maior que no restante do mundo. Os episódios de DATN também são maiores na Inglaterra e Egito.[106]

---

[104] ZUGAIB, Marcelo; PEDREIRA, Denise Araújo Lapa; BRIZOT, Maria de Lourdes *et al*. **Medicina fetal**. São Paulo: Editora Atheneu, 1997, p. 191.

[105] Op. cit, pp. 196 e 198.

[106] Op. cit, pp. 196 e 198.

Os pesquisadores relacionaram como causas que dão origem ao aparecimento do DATN os padrões de herança genética multifatorial, além de fatores ambientais como deficiência de ácido fólico (folato), ação de remédios anticonvulsivantes tais como dilantina, tegretol e ácido valproico e infecções viróticas de vias aéreas superiores. Os DATN podem, ainda, ter origem na destruição dos tecidos após uma ontogênese normal e estão associados à trissomia do 18.[107]

No período de janeiro de 1993 a dezembro de 1995, o Setor de Medicina Fetal da Clínica Obstétrica, do Hospital das Clínicas da Universidade de São Paulo, realizou um estudo em 54 casos de DATN, sendo que dentre estes, 22 casos correspondiam à anencefalia (40,7%).

Pelo estudo verificou-se que dos 22 casos de anencefalia, 19 se tratavam de casos isolados (86,4%), enquanto que 3 casos, ou seja, 13,4% estavam associados com outras malformações, tais como a onfalocele, relacionada a posição das vísceras; a cardiopatia ou doença do coração; e, brida amniótica. Outro importante dado é o de que em 21 casos (96,4%) a via de parto foi vaginal, sendo que 12 dessas gestantes (53,6%) obtiveram autorização judicial para interrupção da gestação, portanto, bem antes da liminar do Ministro Marco Aurélio, que é de 2004.[108]

Ainda no que se refere à pesquisa sobre anencefalia relatada acima, que consta na obra de Medicina Fetal organizada por Marcelo Zugaib é claramente afirmado que: "Embora incompatível com a vida, alguns casos sobrevivem por meses. Uma questão frequentemente colocada é a interrupção ou não da gestação quando do diagnóstico, pois pode haver refratariedade à indução com ocitocina".[109]

É visível a constatação científica dos pesquisadores de que alguns casos de bebês anencéfalos podem sobreviver por meses, o que demonstra de forma indiscutível, que o feto anencéfalo está vivo e não pode ser tido como um natimorto. Segundo o dicionário Aurélio, natimorto é um indivíduo que nasce morto[110], assim, como a pesquisa atesta que alguns sobrevivem, signi-

---

[107] Op. cit, pp. 197 e 198.

[108] Op. cit, p. 198.

[109] Op. cit, p. 199.

[110] FERREIRA, Aurélio Buarque de Holanda. **Miniaurélio: o minidicionário da língua portuguesa**. Curitiba: Psigraf, 2004, p. 573.

fica que não nasce morto, mas vivo, ainda que sua vida seja comprometida em função da enfermidade.

A dúvida levantada sobre a possibilidade de interrupção ou não da gestação é considerada pelos pesquisadores em razão da refratariedade com relação à ocitocina, isto porque a ocitocina é o hormônio utilizado para induzir o parto, mas pode não funcionar, o que provocaria a necessidade de ser empregado meio diverso para a retirada antecipada do feto.

O problema está no fato de que o abortamento apresenta riscos à paciente, de modo que estes riscos são ainda maiores que os da própria gestação com anencéfalo. Nesse sentido, quando são dadas autorizações para interrupção de gestação em caso de anencefalia é questionado ao casal se eles estão conscientes dos danos que podem advir de um procedimento de aborto.

Tal realidade faz com que se questione até que ponto o abortamento de um feto anencéfalo seria a melhor solução para o problema do sofrimento materno, pois os prejuízos do aborto podem provocar a esterilidade da mulher. O procedimento de indução do parto também não é simples, a mãe chega a ficar internada por três dias sentindo náuseas e mal estar.[111]

A falta de informação e de consenso na própria Medicina faz com que se esqueça que existe a profilaxia para o caso da anencefalia. Com isso, há um estudo que foi realizado em pacientes sem antecedentes de DATN. Estas mulheres que tinham desejo de engravidar foram divididas em dois grupos, de um lado 2.104 mulheres enquanto que o outro grupo era composto por 2.052 mulheres.[112] Ambos os grupos receberam vitaminas por pelo menos um mês antes da concepção até, aproximadamente, a sexta semana de idade gestacional. O grupo formado por 2.104 mulheres recebeu um complemento polivitamínico, no qual estava incluído 0,8 mg de ácido fólico por dia; ao passo que, ao outro grupo foi ministrado oligoelementos, ou seja, sais minerais.

Como resultados, verificou-se que no grupo que recebeu polivitamínicos a taxa de malformações fetais foi de 13,3/1000, contudo, destes casos não

---

[111] Em depoimento na quarta sessão da audiência pública do STF ocorrida no dia 16 de setembro de 2008, uma mulher que esteve gestante de anencéfalo e foi induzida pelos médicos a realizar a interrupção da gestação, relata que o bebê nasceu vivo depois da indução do parto o que fez com que se sentisse muito culpada, uma vez que seu médico havia dito que os anencéfalos nascem mortos em 99% dos casos. Depois completa: "se ele (o bebê) vivesse por quinze minutos, quantas vezes eu não teria para dizer que o amava?".

[112] ZUGAIB, Marcelo; PEDREIRA, Denise Araújo Lapa; BRIZOT, Maria de Lourdes et al. **Medicina Fetal**. São Paulo: Editora Atheneu, 1997, 202.

foi constatada nenhuma malformação do sistema nervoso. Por outro lado, o grupo que recebeu apenas oligoelementos apresentou taxa de malformação fetal de 22,9/1000, sendo que havia seis casos relacionados ao sistema nervoso, o que é significativo em termos estatísticos.

Entretanto, os Defeitos no Tubo Neural, assim como o Defeito Aberto do Tubo Neural, no qual se inclui a anencefalia, ocorrem entre o 15º e o 28º dias após a concepção, momento em que a maior parte das mulheres sequer tem conhecimento de que estão grávidas. Com isso, é recomendado que a suplementação com ácido fólico tenha início pelo menos um mês antes do período em que se intenta engravidar e deve-se continuar o tratamento por dois meses após a concepção, de maneira que outros tipos de malformações congênitas serão também evitadas.

Essa última assertiva leva a crer que toda a mulher deve ser submetida a um tratamento prévio antes de engravidar. Tal conclusão deixa ainda mais claro o papel do Estado na política de planejamento familiar (Lei nº 9.263), contemplando os direitos sexuais e reprodutivos. O abortamento de bebês anencéfalos não pode ser visto como único recurso no combate ao problema da anencefalia.

A própria Medicina explicita que há outros casos de malformação congênita, o que fazer diante destes casos, abortar também? A opção pela interrupção da gestação de anencéfalo transparece métodos de eugenia negativa, na medida em que se utiliza de um método radical para selecionar os que não devem nascer porque não sobreviverão por muito tempo, essa é a justificativa dos que defendem o aborto e que consideram que a expectativa da mãe é frustrada diante de um filho que não terá muito tempo de vida. Qualificar a vida é sempre muito temerário, porque é possível que se passe a desqualificar a vida dos deficientes de qualquer ordem, pois suas vidas são crivadas de dificuldades em um mundo que não lhes dá espaço para desenvolvimento pleno. Ao contrário do que defendem alguns sociólogos isso não é um argumento da ladeira escorregadia, no qual se explora o assunto do aborto para dizer que se dará início a um projeto eugênico.[113]

---

[113] LEITE, Fabiane. Em Suzano, a realidade das malformações congênitas. **O Estado de S. Paulo**, São Paulo, 31 ago. 2008. Vida, p. A31: "Poucos conhecem tão bem a realidade de crianças com malformações congênitas quanto os profissionais do Hospital Auxiliar de Suzano, na Grande São Paulo. A unidade, vinculada ao Hospital das Clínicas da Faculdade de Medicina da USP, acolhe em sua área de pediatria bebês que nasceram com alterações anatômicas graves, que podem diminuir a expectativa de vida ou comprometer funções. Todos os dias, por volta das 7 horas, o pediatra Milton Hanashiro,

Ainda no que tange ao tratamento de prevenção de malformações fetais com ácido fólico, vale lembrar que a administração de folato não zera totalmente a incidência de DATN, pois outros fatores contribuem para a ocorrência da patologia. Além disso, há um grupo de gestantes que não respondem à suplementação vitamínica.

Assim, a *Food and Drugs Administration* (FDA) recomenda a dose de 0,8mg/d, mas procura-se melhorar o consumo do ácido na dieta, principalmente, em tabagistas, jovens grávidas e mulheres em situação de pobreza. O Governo brasileiro já se mostrou sensível à situação acrescentando o ácido fólico no trigo, mas ainda não parece ser suficiente.

4.2.2. CASO MARCELA DE JESUS

No início da década de 1980, o mundo assiste a um avanço muito importante no campo da Medicina Fetal que vem a ser o surgimento e aperfeiçoamento da imagem ultrassonográfica, que no Brasil se torna uma realidade no fim da mesma década.

No que tange à DATN acima tratada, Marcelo Zugaib é categórico em afirmar que a ultrassonografia é capaz de detectar em torno de 100% dos casos de anencefalia. Diz-se ainda, que a malformação por anencefalia pode ser diagnosticada a contar da oitava semana da gestação, entretanto, a garantia de 100% só é possível a partir de 13 a 14 semanas.[114]

Contudo, um caso recente parece desafiar as certezas da Medicina, apesar de representar um acontecimento isolado, não pode ser desconsiderado, pois é um importante dado. Trata-se de Marcela de Jesus, a menina que nasceu com 2,5 quilos e 47 centímetros após nove meses de gestação, na cidade de

---

de 46 anos, entra no corredor onde estão 22 meninas e meninos com malformações congênitas e outras condições graves (...) No primeiro quarto vive Ana. Um pouco à frente, Mauro e Vagner (*nomes fictícios*), crianças que nasceram com graves malformações do sistema nervoso central e que sobrevivem sem qualquer tipo de comunicação com o mundo, em estado vegetativo (...) Hanashiro acompanhou a distância nos últimos dias as discussões no Supremo Tribunal Federal (STF) sobre uma destas malformações, a anencefalia (...) Questionado sobre sua opinião, o pediatra prefere falar da realidade. "Para quem lida com esse tipo de alteração, a verdade é que mesmo aqui a qualidade de vida dessas crianças é muito ruim. É preciso parar para pensar sobre isso."

114 ZUGAIB, Marcelo; PEDREIRA, Denise Araújo Lapa; BRIZOT, Maria de Lourdes *et al*. **Medicina Fetal**. São Paulo: Editora Atheneu, 1997, p. 200.

Patrocínio Paulista, pequena cidade de 12 mil habitantes a 413 quilômetros de São Paulo e foi diagnosticada como anencéfala por meio de uma ultrassonografia realizada no quarto mês de idade gestacional.

Depois de nascer, a menina Marcela apresentava reações típicas dos recém-nascidos tais como: incômodo por ficar muito tempo na mesma posição, choro em virtude das cólicas e estremecimento ao som do telefone. Além dessas, ela era capaz de respirar sozinha, mas tinha o auxílio de um capacete de oxigênio colocado em volta de sua cabeça. A possibilidade de respirar, bem como o funcionamento do coração e dos demais órgãos internos se deve ao tronco cerebral que se encontrava em perfeitas condições. Essa estrutura é a que faz a ligação da medula ao córtex cerebral e é responsável pela manutenção das funções vitais do recém-nascido.

Isso se deve ao fato do encéfalo ser composto pelo córtex cerebral, cerebelo e tronco cerebral. Todavia, em casos de anencefalia a deformação atinge o córtex cerebral de maneira que ele é ausente, portanto, geralmente, o bebê anencéfalo manifesta reações vitais como chorar e mamar, em função do tronco cerebral.

Marcela viveu por um ano e oito meses, vindo a falecer por uma pneumonia provocada pela aspiração do leite que havia vomitado. A polêmica sobre seu caso está no fato de que, quando Marcela completou um ano, realizou-se nela um exame de ressonância magnética, no qual ficou constatado que sua deformação configurava uma meroacrania e não anencefalia como antes diagnosticado.

O desenvolvimento do sistema nervoso central não acaba na 16ª semana, dá-se, portanto, até mesmo o início da vida adulta, por isso é que só depois de nascida pode-se verificar que Marcela possuía rudimentos cerebrais. Com isso, o caso de Marcela atesta, claramente, a afirmação de que há diferentes graus de anencefalia.[115]

---

[115] Na terceira sessão da audiência pública realizada pelo STF sobre o caso dos anencéfalos, a médica pediatra Cinthia Macedo Specian explica que na 14ª semana de gestação a ultrassonografia só permite o diagnóstico da anencefalia, de modo que somente na 24ª semana de idade gestacional é que se torna possível verificar se a anencefalia evoluiu para uma oloanencefalia ou meroacrania, sendo que nessa última, a presença de rudimentos cerebrais é maior, como no caso de Marcela, o que representa maior sobrevivência.

Capítulo 5

OS TRIBUNAIS E O CASO DOS BEBÊS ANENCÉFALOS

5.1. JURISPRUDÊNCIA

> *Não é só a razão, mas também a nossa consciência, que se submetem ao nosso instinto mais forte, ao tirano que habita em nós.*
>
> *Friedrich Nietzsche*

No intuito de acompanhar a maneira como o tema da anencefalia é tratado pelo judiciário, foi realizada uma pesquisa tendo por foco os Acórdãos publicados pelos Tribunais de Justiça brasileiros. Nesses, procurou-se verificar quais decisões têm sido tomadas, bem como a fundamentação expressa nos votos dos Desembargadores a respeito dos pedidos de autorizações judiciais para interrupção da gestação de anencéfalos.

A pesquisa feita aos *sites* de todos os Tribunais do território nacional teve por resultado a coleta de 40 Acórdãos correspondentes aos anos de 2000 a 2008, observou-se uma predominância de Acórdãos no Estado do Rio Grande do Sul. Os casos encontravam-se em via recursal, assim, a gestante ou esta representada por sua genitora, solicita, por meio de advogado, o pedido de autorização da interrupção da gestação depois de constatado que o feto apresenta anencefalia.

Após a devida manifestação do Ministério Público, momento em que o princípio do devido processo legal é respeitado, o juiz exara sua sentença dando provimento ou não ao pedido. Se a decisão judiciária for favorável à gestante, o Ministério Público, quando expressa entendimento contrário ao do juízo *a quo*, impetra recurso, ao passo que se a determinação judicial não estiver condizente com o pedido da requerente, ela mesma recorre à instância superior.

O recurso se dá por meio de Apelação Criminal, entretanto, os tribunais brasileiros já foram instados a se manifestar ainda por intermédio de *Habeas corpus* e Mandado de Segurança. O artigo 5º, inciso LXVIII, da Constituição Federal Brasileira de 1988 assim declara, *in verbis*: "conceder-se-á *habeas corpus* sempre que alguém sofrer ou se achar ameaçado de sofrer violência ou coação em sua liberdade de locomoção, por ilegalidade ou abuso de poder".[116]

Ainda determina, a Constituição, sobre o mandado de segurança no art. 5º, LXIX, *in verbis*:

> *LXIX – Conceder-se-á mandado de segurança para proteger direito líquido e certo, não amparado por* habeas corpus *ou* habeas data*, quando o responsável pela ilegalidade ou abuso de poder for autoridade pública ou agente de pessoa jurídica no exercício de atribuições do Poder Público.*[117]

Há um processo interessante, ocorrido em Goiânia, no qual uma senhora, após ter conhecimento de decisão do julgador monocrático auto-

---

[116] BRASIL. Constituição (1988). Constituição da República Federativa do Brasil: promulgada em 5 de outubro de 1988: atualizada até a Emenda Constitucional nº 52, de 08-03-2006. 21. **Vade Mecum**. São Paulo: Saraiva, 2006, p. 10.

[117] Op. cit, p. 10.

rizando a realização de intervenção cirúrgica para retirada do feto que se encontrava com anencefalia, impetra *habeas corpus* em benefício do nascituro. A impetrante teria tomado conhecimento do julgado em razão de notícia veiculada pelo Centro de Comunicação Social do Tribunal, porém, o pedido restou prejudicado uma vez que o feto foi retirado logo após a decisão do juiz, perdendo-se o objeto da impetração que sofreu julgamento no dia 09 de agosto de 2007.[118]

O tema do aborto dos bebês anencéfalos é sabidamente polêmico. Assim, com a análise dos Acórdãos, pôde-se perceber que há dois posicionamentos a respeito do assunto com argumentos contrapostos. O objetivo é expor as justificações sob o ponto de vista jurídico e criticá-las a partir desse mesmo parâmetro, considerando não somente o Direito, mas este aliado à ética, Bioética e ao Biodireito Constitucional.

5.1.1. ARGUMENTOS FAVORÁVEIS AO ABORTAMENTO DOS FETOS ANENCÉFALOS

Nesse diapasão, um dos posicionamentos defendidos vem a ser o de que quando promulgado, no então ano de 1940, o Código Penal (Decreto-Lei nº 2.848) não poderia prever os casos de anomalias fetais em seus dispositivos, posto que à época não existiam os meios tecnológicos que possibilitassem a constatação de malformações do feto em desenvolvimento no ventre materno. Sendo assim, estaria explicado o fato de não constar no texto penal a figura do aborto eugênico.

Portanto, os defensores dessa ideia entendem que seria necessária uma atualização do ordenamento jurídico pátrio, visto que o Direito não deve se esgotar com a lei e nem deveria estagnar no tempo, sendo por isso indiferente aos avanços tecnológicos e à evolução da sociedade.

Ademais, apesar de admitirem que o caso em questão não está incluído nas causas de exclusão de ilicitude constantes no artigo 128, do Código Penal, quais sejam, o aborto necessário e o aborto sentimental (em caso de gravidez proveniente de estupro); compreendem que diante da patologia apresentada pelo feto, a gestante pode sofrer risco em sua saúde mental, caso tenha que dar continuidade à gestação.

---

[118] GOIÁS. Tribunal de Justiça do Estado de Goiás. *Habeas Corpus* nº 29553-8/217 (200702503538). Presidente Desembargador Aluízio Ataídes de Sousa. Relator: Desembargador Prado. Goiânia, GO, ago, 2007.

Assim, referem-se ainda a corrente da jurisprudência que vem decidindo de modo a conceder a autorização para interrupção da gestação, isso por meio de interpretação extensiva do disposto no artigo 128, inciso I, incluindo, portanto, o problema de risco à saúde psíquica da gestante como causa de afastamento da ilicitude no crime de aborto.

A justificativa jurídica é de que ao dispositivo acima citado, deveria ser aplicada a analogia *in bonam partem*, alegando-se a sua admissibilidade em matéria penal, uma vez que não se está criando uma nova figura típica, tampouco enquadrando analogicamente uma conduta em tipo penal que não a preveja. Desse modo, estaria apenas estendendo uma causa de ilicitude prevista pelo ordenamento a situação assemelhada.

Além disso, os magistrados, que compõem a corrente jurisprudencial favorável a concessão do pedido de autorização para interromper a gestação de feto anencéfalo, comungam no sentido de entender que a continuidade da gestação até seu termo ocasiona sofrimento desnecessário à mulher grávida, bem como a seus familiares.

Finalmente, o principal argumento, sempre presente nos votos favoráveis ao abortamento, é o relacionado ao pouco tempo de vida que o bebê anencéfalo disporá em virtude da malformação congênita que o acomete, constituindo-se com isso em certeza da sua morte.

5.1.2. ARGUMENTOS CONTRÁRIOS AO ABORTAMENTO DE FETOS ANENCÉFALOS

A argumentação da corrente jurisprudencial que se posiciona de modo contrário ao abortamento de fetos anencéfalos, portanto, oposta à anterior, é o de que o ordenamento jurídico pátrio não autoriza esse tipo de aborto. Assim, provocar a morte de anencéfalo antes de seu nascimento, configura-se como crime de aborto, e se gerada após o nascimento, tratar-se-á de homicídio ou infanticídio.

Os mesmos magistrados entendem que a legislação penal e a Constituição Federal brasileira tutelam a vida como bem maior a ser preservado. Nesse sentido, as hipóteses em que se admite atentar contra ela estão dispostas restritivamente, o que não permite a interpretação extensiva dos incisos constantes do artigo 128 do Código Penal.

Outrossim, não se admite a analogia *in malam partem*, isto porque, a comparação e interpretação extensiva é prejudicial ao nascituro, prevalecendo em tais casos o princípio da reserva legal, pois assim se estaria condenando o feto a pena de morte. Dessa forma, expressa-se a Constituição no artigo 5°, inciso II, *in verbis*: "ninguém será obrigado a fazer ou deixar de fazer alguma coisa senão em virtude de lei".[119]

No mesmo sentido, utiliza-se ainda como uma das justificações para a decisão de denegar os pedidos o fato de que há a possibilidade de vida extrauterina, mesmo que vegetativa, uma vez que o nascimento com vida, por si só é capaz de gerar direitos, fato já referido no presente estudo.

5.1.3. O PRINCÍPIO DO DEVIDO PROCESSO LEGAL NA DEFESA DO ANENCÉFALO

Em Acórdão proferido, no dia 25 de julho do ano de 2007, pela Primeira Câmara Criminal do Tribunal de Justiça do Estado do Rio Grande do Sul, o Desembargador Ivan Leomar Bruxel, que configurou como relator no Acórdão, acrescenta ao debate pontos interessantes em seu voto que contribuem para a análise do caso dos fetos anencéfalos e à corrente jurisprudencial que se demonstra contrária ao abortamento.

Em consonância a essa linha de pensamento, o jurista Ivan Leomar Bruxel faz referência ao artigo 2° do Código Civil brasileiro de 2002, no qual a lei resguarda os direitos do nascituro. A partir desse dispositivo legal, o Desembargador tomando por premissa o fato de que o feto anencéfalo encontra-se vivo, declara: "Na realidade, de fato, *existe vida*. Pragmaticamente, talvez ela não tenha valor, mas, repito, *de fato*, existe vida, pois o feto, desconsiderando a anencefalia, se desenvolve".[120]

Nesse contexto, o Desembargador destaca o artigo 9° do Código de Processo Civil brasileiro, *in verbis*: "Art. 9° O juiz dará curador especial: I – ao incapaz, se não tiver representante legal, ou se os interesses deste colidirem

---

[119] BRASIL. Constituição (1988). Constituição da República Federativa do Brasil: promulgada em 5 de outubro de 1988: atualizada até a Emenda Constitucional n° 52, de 08-03-2006. 21. **Vade Mecum**. São Paulo: Saraiva, 2006, p. 7.

[120] RIO GRANDE DO SUL. Tribunal de Justiça do Estado do Rio Grande do Sul. *Habeas Corpus* n° 70020596730. Presidente Desembargador Marco Antônio Ribeiro de Oliveira. Relator: Desembargador Ivan Leomar Bruxel. Porto Alegre, RS, 25 de julho de 2007. Disponível em http://www.tj.rs.gov.br Acesso em: 20 jan. 2008.

com os daquele; II – ao réu preso, bem como ao revel citado por edital ou com hora certa"; e, conclui que ao nascituro não foi concedido o direito de defesa, como preconiza o princípio do devido processo legal disposto na Constituição Federal.[121]

No entanto, revela o jurista, que o único momento em que direito de defesa do feto é respeitado, ocorre quando há a intervenção do Ministério Público. Entende-se no presente trabalho que na manifestação do Ministério Público, há sim o cumprimento do princípio do devido processo legal, porém, concorda-se com o Desembargador Ivan Leomar Bruxel que advoga pela criação de uma curadoria que pudesse atender aos interesses do feto e dos embriões que tiverem seus direitos violados.

Em semelhante defesa, expressa Jaques de Camargo Penteado:

> (...) uma criança concebida pode ter a sua morte decretada por um julgador que não lhe enseje a menor chance de defesa. É possível que o Ministério Público funcione no procedimento para, expeditamente, concordar com a execução daquela. É viável que sequer o pai da pessoa gerada esteja de acordo com a sua destruição. Muitas vezes, a execução do concepto é decretada porque doente. Além de incapaz de autodefesa, posto em perigo de morte por aqueles que, naturalmente, deveriam defendê-lo, está desprovido de saúde. Há impressionante dificuldade até para a fixação do que seja doença grave.[122]

Sobre o assunto, torna-se relevante o artigo 33 do Código Processual Penal, *in verbis*:

> **Art. 33.** *Se o ofendido for menor de 18 (dezoito) anos, ou mentalmente enfermo, ou retardado mental, e não tiver representante legal, ou colidirem os interesses deste com os daquele, o direito de queixa poderá ser exercido*

---

[121] Op. cit, p. 13.

[122] PENTEADO, Jaques de Camargo [Org.]. **A Vida dos Direitos Humanos: bioética médica e jurídica**. Porto Alegre: Sergio Antonio Fabris Editor, 1999, pp. 174 e 175.

por curador especial, nomeado, de ofício ou a requerimento do Ministério Público, pelo juiz competente para o processo penal.[123]

Quanto à proteção dos interesses do filho ou "criança concebida", tem-se o artigo 1.692 do Código Civil, *in verbis*: "Sempre que no exercício do poder familiar colidir o interesse dos pais com o do filho, a requerimento deste ou do Ministério Público o juiz lhe dará curador especial."[124]

O Estatuto da Criança e do Adolescente (Lei nº 8.069/90) também aborda a questão nos artigos 142 e 148, *in verbis*:

> **Art. 142.** *Os menores de dezesseis anos serão representados e os maiores de dezesseis e menores de vinte e um anos assistidos por seus pais, tutores ou curadores, na forma da legislação civil ou processual.*
>
> *Parágrafo único: A autoridade judiciária dará curador especial à criança ou adolescente, sempre que os interesses destes colidirem com os de seus pais ou responsável, ou quando carecer de representação ou assistência legal ainda que eventual.*
>
> **Art. 148.** *A Justiça da Infância e da Juventude é competente para:*
>
> *Parágrafo único: Quando se tratar de criança ou adolescente nas hipóteses do art. 98, é também competente a Justiça da Infância e da Juventude para o fim de:*
>
> *f) designar curador especial em casos de apresentação de queixa ou representação, ou de outros procedimentos judiciais ou extrajudiciais em que haja interesses de criança ou adolescente;*[125]

---

[123] BRASIL. Código de Processo Penal. Decreto-Lei nº 3.689, de 3 de outubro de 1941. **Vade Mecum**. 2ª ed. São Paulo: Saraiva, 2006, p. 627.

[124] BRASIL. Código Civil. Lei nº 10.406, de 10 de janeiro de 2002. **Vade Mecum**. 2ª ed. São Paulo: Saraiva, 2006, p. 296.

[125] BRASIL. Lei 8.069, de 13 de julho de 1990. Dispõe sobre o Estatuto da Criança e do Adolescente e dá outras providências. Disponível em http://www.planalto.gov.br/ccivil/LEIS/L8069.htm Acesso em: 01 nov 2008.

Jaques Penteado entende que, caso fosse possível o pedido de autorização de abortamento, é indispensável a nomeação de curador especial à criança concebida, caso contrário pode-se considerar a inexistência de verdadeira relação jurídica processual. Ainda admite o autor a participação do Ministério Público, visto que este constitui defensor dos direitos sociais e individuais indisponíveis, mas advoga que a função de curador especial deverá ser desempenhada pela Defensoria Pública.[126]

Finalmente, conclui Jaques Penteado:

> *Não há previsão jurídica acerca de alvará para autorizar abortamento. Se fosse possível cogitar deste, dever-se-ia adotar um procedimento que atendesse ao devido processo legal, com todos os consectários legais da medida. Seria imprescindível a presença de curador especial da criança concebida, que não poderá concordar com o pedido de sua morte. Seria necessária a previsão da legitimidade de intervenção de terceiros interessados. O Ministério Público, defensor dos direitos individuais indisponíveis, deve participar do processo. O juízo competente é o civil.*[127]

Portanto, considerando a importância do devido processo legal como um dos princípios de maior relevância para a garantia dos direitos do homem, bem como seu caráter abrangente quando se refere ao seu aspecto material e processual, lembrado por Nelson Nery, de defesa da vida-liberdade-propriedade, é que se entende pelo cabimento do *due process of law* como meio de defesa dos fetos anencéfalos.

Ademais, destaca-se a necessidade de nomeação de curador especial para representar o feto anencéfalo, uma vez que a inviolabilidade do exercício de seu direito à vida entra em nítido confronto com o interesse materno de ver sua vida ceifada para minorar seus sofrimentos. Desse modo, o princípio do devido processo legal seria atendido em toda sua plenitude.

---

[126] PENTEADO, Jaques Camargo [Org.], op. cit, p. 178.

[127] Op. cit, p. 180.

5.2. CRÍTICAS

O posicionamento aqui apresentado é claro pela necessidade de defesa dos bebês anencéfalos, portanto, filia-se a segunda corrente jurisprudencial que opina pelo indeferimento dos pedidos de autorizações judiciais para interrupção da gestação de fetos acometidos de anencefalia.

Contudo, a despeito da defesa realizada pelos magistrados nos devidos Acórdãos, entende-se necessária uma complementação da análise da postura jurídica adotada pela primeira corrente jurisprudencial.

Sendo assim, ao argumento que convoca o Código Penal a acompanhar os avanços biotecnológicos como o advento da ultrassonografia e acrescentar ao rol dos afastamentos de ilicitude o aborto eugênico, contra-argumenta-se, lembrando que o objetivo da Bioética é justamente o de traçar limites éticos à ciência.

Ora, forçoso é que diante da possibilidade de verificar a malformação do feto haja uma reflexão ética e jurídica a respeito de qual decisão ser tomada, e não simplesmente a mera adesão do Código ao desenvolvimento tecnológico, mesmo porque em termos de ciência o céu é o limite. Porém, quando o ser humano está diretamente envolvido há que se ter cautela. Ademais, a inclusão de inciso que exclui a ilicitude em caso de aborto eugênico fere de modo categórico direito constitucionalmente garantido, qual seja, a inviolabilidade do direito à vida (art. 5º, *caput*, CF de 1988). A não violação do direito à vida pressupõe que este possa ser exercido, e como realizá-lo se o próprio nascimento não vier a ser efetivado?

Outra justificativa para o abortamento, bastante referida pelos seus defensores é aquela relacionada aos possíveis riscos à saúde mental da mulher frente à gestação de um bebê que sofre da DATN do tipo anencefalia. É evidente que diante de tal quadro será necessário o acompanhamento psicológico à gestante, sendo também imperioso que o Estado possibilite este aparato de sustentação emocional.

No entanto, o dispositivo penal é cristalino em excluir a ilicitude somente quando o risco seja à vida da gestante. Portanto, assim convenciona o artigo 128, incisos I e II do Código Penal, *in verbis*:

> *Não se pune o aborto praticado por médico:*
> **Aborto necessário**
> *I – se não há outro meio de salvar a vida da gestante;*
> **Aborto no caso de gravidez resultante de estupro**
> *II – se a gravidez resulta de estupro e o aborto é precedido de consentimento da gestante ou, quando incapaz, de seu representante legal.*[128]

Sobre o aborto necessário ou terapêutico, Führer manifesta-se da seguinte forma:

> *Esta autorizante se confunde com o próprio estado de necessidade, embora aqui não se exija que o perigo seja atual. Para salvar sua própria vida, a gestante se submete à interrupção da gravidez. A literatura cita os casos de anemia profunda, cardiopatias graves, tuberculose, diabetes, leucemia e obstrução por tumores irremovíveis. O médico é o único responsável pela decisão de interromper a gestação diante do risco de vida da paciente. Se o perigo for iminente, sua atuação está autorizada até mesmo contra a vontade da gestante (art. 146, § 3º, I), sem necessidade de qualquer autorização judicial ou consulta. Recomenda-se, porém, colher a confirmação de outros dois médicos sobre a necessidade do procedimento (França). O co-autor (parteira) e o partícipe (enfermeiro) também aproveitam a excludente (mas o tema não é tranquilo).*[129]

Assim, o risco psicológico não pode ser tido como justificativa para a realização do aborto, do mesmo modo não o pode ser o estado de sofrimento pelo qual passa a mãe perante um caso de malformação fetal. A dor emocional e sofrimento são condições próprias do ser humano, aqui podemos lembrar

---

[128] FÜHRER, Maximiliano Roberto Ernesto; FÜHRER, Maximilianus Cláudio Américo. **Código Penal Comentado**. São Paulo: Malheiros Editores, 2008, p. 231.

[129] Op. cit, pp. 231 e 232.

as palavras da filósofa Hanna Arendt, para quem o homem parece querer escapar a sua própria condição:

> *O mesmo desejo de fugir da prisão terrena manifesta-se na tentativa de criar a vida numa proveta, no desejo de misturar, "sob o microscópio, o plasma seminal congelado de pessoas comprovadamente capazes a fim de produzir seres humanos superiores"; e "alterar-(lhes) o tamanho, a forma e a função"; e talvez o desejo de fugir à condição humana esteja presente na esperança de prolongar a duração da vida humana para além do limite dos cem anos.*[130]

O pouco tempo de vida atribuído ao bebê anencéfalo também não deve configurar como motivo de autorização do aborto, porque assim se estaria avaliando sua vida por uma ética utilitarista, portanto, contrária à ética dos direitos humanos sobre a qual se fundamenta a Constituição brasileira de 1988.

Ainda no que tange ao argumento do sofrimento materno causado pela restrita viabilidade de vida extrauterina que acomete o bebê anencéfalo, as visitas realizadas ao Hospital das Clínicas da Faculdade de Medicina da Universidade de São Paulo levaram à descoberta de uma importante pesquisa desenvolvida pela psicóloga Gláucia Rosana Guerra Benute que demonstra, em sua tese de doutorado orientada pela Doutora Roseli Yamamoto Nomura, a relevância do acompanhamento psicológico frente ao diagnóstico de malformação fetal.[131]

Na referida pesquisa foram entrevistadas 249 mulheres que compareceram ao Setor de Medicina Fetal, em virtude de terem recebido diagnóstico de malformação fetal letal e por tal motivo foram encaminhadas para a avaliação psicológica. Para a coleta de dados, a psicóloga realizou o estudo das entrevistas psicológicas e respectivos prontuários das gestantes, correspondendo ao período de agosto de 1998 a dezembro de 2003, este primeiro grupo foi chamado de "Grupo Geral".

---

[130] ARENDT, Hanna. **A Condição Humana**; trad. Roberto Raposo. 10ª ed. Rio de Janeiro: Forense Universitária, 2008, p. 10.

[131] BENUTE, Gláucia Rosana Guerra. **Do Diagnóstico De Malformação Fetal Letal à Interrupção da Gravidez: psicodiagnóstico e intervenção**, tese de doutorado defendida na Faculdade de Medicina da Universidade de São Paulo, 2005.

No período referente aos meses de janeiro de 2001 a dezembro de 2003, Gláucia Benute fez entrevistas com um subgrupo do "Grupo Geral" de mulheres, composto por pacientes que desejavam interromper a gravidez. Esse subgrupo denominado de "Grupo de avaliação pós-interrupção" foi entrevistado antes da solicitação e entre 30 e 60 dias depois do aborto realizado.

A idade das mulheres grávidas submetidas à pesquisa variou de 13 a 42 anos, sendo que o número de gestações girava em torno de 1 a 7, bem como o número de filhos de 1 a 6, já a idade gestacional ficou entre 5 a 36 semanas. O diagnóstico de malformação apresentava diversos tipos de doenças, entretanto, a anencefalia foi predominante, correspondendo a 54,3% dos casos.

Quanto à solicitação de alvará judicial para a autorização da interrupção da gravidez, essa se deu em 63% dos casos e destes, 66% foram deferidos. Dentre as causas que motivaram o pedido de solicitação, a mais frequente foi a vontade de minimizar o sofrimento, representando 88,5%. Por outro lado, as que não fizeram a solicitação alegam sentimento de culpa por crenças pessoais e correspondem a 71,8%.

A pesquisadora revela que o momento do diagnóstico é definido pelos pais como sendo o mais difícil de vivenciar e descreve da seguinte forma:

> *Ao receber a informação da anomalia e da letalidade, há perda do raciocínio lógico, evidenciando-se reações instintivas de proteção e defesa psíquica fazendo com que cada indivíduo assimile parte das informações. Portanto, deve ser compreendido pelo profissional de saúde como autolimitante, ou seja, não há, condição de assimilação completa da situação. Devido à perda do raciocínio lógico, o casal não consegue elaborar completamente as informações a ponto de conseguir formular dúvidas, formar questões. Assim, é evidente a importância da existência de atendimento para que o casal possa, após reorganização do pensamento, esclarecer todas as dúvidas e até as informações mal compreendidas, decorrentes dos processos psíquicos desencadeados no momento do diagnóstico. Essa situação se apresenta, para o observador, de forma diversificada entre os casais. Pode-se verificar reações que vão de aparente calma e tranquilidade a*

> *reações de raiva intensa e choro compulsivo. A forma de expressão dos sentimentos é particular e distinta, não havendo um padrão específico.*[132]

Fica claro na citação a imprescindibilidade do acompanhamento psicológico para o necessário enfrentamento da questão. O que também é importante frisar vem a ser o fato de que a confusão acarretada pelo recebimento do diagnóstico implica sentimentos diversos no casal que podem prejudicar a tomada da decisão de manter ou não a gestação. Assim afirma Gláucia Benute: "Esse não é o momento para se resolver sobre a manutenção ou não da gestação, embora o assunto possa ser discutido, caso o casal o aborde".[133]

Outro dado importante trazido pela psicóloga é a necessidade que tem o casal de lidar com o luto. Com isso, cai por terra a ideia defendida pelos que são favoráveis ao abortamento em caso de fetos anencéfalos, na qual se deve abortar antes que o feto atinja o tamanho em que é exigido o enterro dele, o que evitaria a vivência do luto. Segundo Benute:

> *Após a aceitação e a elaboração do diagnóstico, o casal passa a buscar respostas para a situação vivida. Nesse momento, encontram condições de refletir qual seria, para eles, a atitude mais adequada a ser tomada: interromper ou manter a gestação. Inicia-se, então, o processo de revisão de valores morais, culturais e, com isso, há necessidade de se entrar em contato com o luto pela inexistência do filho imaginado.*[134]

Portanto, mesmo optando-se pela interrupção da gravidez, o enfrentamento do luto faz parte do processo psíquico que se apresenta no caso. Em vídeo apresentado no HSBC Belas Artes de São Paulo chamado "O aborto dos outros"[135], um dos casos de abortamento chama a atenção. O que o dife-

---

[132] Op. cit, p. 149.

[133] Op. cit, p. 150.

[134] Op. cit, p. 152.

[135] O ABORTO DOS OUTROS. Carla Gallo [Dir.]. Brasil: Olhos de Cão, 2008. 1 filme (72 min), 35mm.

rencia dos demais é por se tratar de interrupção da gestação em razão da anomalia do feto. Quando a paciente é questionada antes do aborto sobre o que mais lhe aflige, ela responde dizendo que é o fato de que não vai mais sentir o feto se mover.

A relação emocional que os pais desenvolvem com o filho que está por nascer fica patente, considerando o que afirma Benute:

> *A decisão pela interrupção da gestação se dá a partir do desejo de minimizar o sofrimento vivido. A opção consciente, por meio da reflexão e da revisão de crenças e valores favorece que o sofrimento seja realmente minimizado. O não acompanhamento psicológico e a inexistência de um processo de conscientização podem acarretar escolhas instintivas, desencadeadas a partir do desejo de afastar definitivamente o problema. Essa atitude pode transformar-se, posteriormente, em sentimento de culpa. A escolha feita a partir da crença na indicação médica também acarreta, mais tarde, reflexão e arrependimento. O que parece aliviar, em certo momento, pode prorrogar o sofrimento. A culpa não termina, a gestação sim, daí a importância da reflexão e da escolha adequada.*"[136]

Por meio das reflexões trazidas pela psicóloga, percebe-se que a questão do sofrimento pode apresentar várias facetas. Ora, por um lado há a consternação da gestante e mesmo do casal em ter de vivenciar a gravidez de um feto com anencefalia, que se sabe que não viverá por muito tempo; por outro lado, há a possibilidade de arrependimento pela opção do aborto, o prolongamento de uma agonia que poderia ter durado somente no período de gestação.

Por tal motivo Benute demonstra sua preocupação em afirmar que:

> *Fica claro que não é possível evitar o sofrimento, mas que, quando pode ser expressado, no momento em que a dificuldade está ocorrendo, há a possibilidade de conscientização, de escolhas adequadas e, consequentemente,*

---
[136] BENUTE, Gláucia, op. cit, p. 152.

> *de elaboração de luto, levando ao término do sofrimento, que não pode ser confundido com esquecimento de tudo aquilo que se viveu.*[137]

Seguindo na mesma linha de raciocínio, Benute observa mais uma vez a importância do acompanhamento do profissional psicólogo e declara sobre o sofrimento:

> *Uma preocupação constante na avaliação desses casais, aliás, é justamente auxiliá-los a escolher algo que venha a minimizar o sofrimento e não aumentá-lo. Pressupõe-se, então, que aguardar o término da gestação é um tempo muito menor do que passar o resto da vida carregando culpa. Se os pais perceberem que irão sentir culpa, o melhor é aguardar o término da gestação, pois o resto da vida é tempo demais para se sofrer.*[138]

As declarações de Benute são de suma importância porque permitem ao juiz constatar a relevância do laudo psicológico em tais casos, uma vez que deve ser muito clara e consciente a decisão do casal ou da mulher, separadamente, para que ela também não seja influenciada pelo marido ou convivente.

Outro argumento muito utilizado pelos que solicitam a autorização para interrupção da gravidez é o de que a vida da mãe corre risco com a gestação, o que não é verdade, caso assim fosse, nem mesmo seria preciso pedir a autorização judicial porque a lei brasileira ampara a mulher em tal situação.

Sobre circunstâncias desse tipo, Gláucia Benute apresenta dado interessante:

> *Também ocorrem situações em que os casais procuram associar a malformação diagnóstica com o risco de morte para a mulher. Essa compreensão também procura amenizar as responsabilidades no processo de decisão. Nesses casos, dois processos podem estar ocorrendo: o primeiro diz respeito à simbiose estabelecida entre mãe e filho – já que ele está em mim, faz parte do*

---

[137] Op. cit, p. 153.
[138] Op. cit, p. 154.

> *meu corpo, se está doente eu também estou – ou ocorre simplesmente uma distorção inconsciente que visa facilitar o processo de decisão – não se trata de um aborto simplesmente, mas de salvar a vida da mãe, assim a opção se torna clara e legítima – interromper a gravidez. Essas situações precisam ser interpretadas, explicitadas para que o casal tenha consciência na hora de decidir o que pretendem fazer.*[139]

Finalmente, Benute conclui entendendo que o momento de decisão quanto a interromper ou não a gestação de fetos com malformação foi vivenciado com muita angústia por todos os casais. Nos casos em que se optou pela manutenção da gravidez, os casais apresentaram intenso sentimento de esperança de que o quadro se modificasse, ou não decidiram interromper a gestação por pensarem que estariam matando um filho, o que desencadearia sentimento de culpa maior que aguardar o término da gravidez. Entretanto, nos casos em que decidiram realizar o abortamento, houve o início do processo de elaboração do luto e de aceitação do diagnóstico. Benute, ainda acrescenta não ter percebido reações de arrependimento ou culpa.[140]

Apesar de extremamente importante, o estudo realizado pela psicóloga Gláucia Benute, em nenhum momento considera o feto como um ser vivo, partindo-se da premissa de que sua malformação é letal, mesmo que sobreviva por algum tempo. Ainda que a ótica da dor materna e do companheiro sejam relevantes, esse sofrimento não pode suplantar a inviolabilidade do direito à vida resguardado pela Constituição Federal brasileira.

---

[139] Op. cit, p. 156.
[140] Op. cit, pp. 166 e 167.

Capítulo 6

STF: O GUARDIÃO DA CONSTITUIÇÃO

6.1. ADPF Nº 54

De acordo com menção anterior, a Confederação Nacional dos Trabalhadores na Saúde (CNTS) impetra Arguição de Descumprimento Preceito Fundamental (ADPF) no ano de 2004, o pedido principal é no sentido de que a Corte Suprema, procedendo à interpretação conforme a Constituição dos arts. 124,126 e 128, I e II do Código Penal brasileiro, declare inconstitucional, com eficácia *erga omnes* e efeito vinculante, o entendimento de tais dispositivos como impeditivos da antecipação terapêutica do parto em casos de gravidez de feto anencefálico.

Ademais, solicita que após o diagnóstico de médico habilitado, a gestante possa ter reconhecido o direito subjetivo de se submeter a tal procedimento sem necessidade de autorização judicial prévia ou outro tipo de consentimento específico do Estado. O que parece ir totalmente de encontro ao princípio do devido processo legal no qual o feto teria o direito de defesa resguardado, mediante a realização de processo judicial para deferir ou não o abortamento.

6.1.1. ANTECIPAÇÃO TERAPÊUTICA DO PARTO COMO SINÔNIMO DE ABORTO

Para defesa de sua tese a CNTS, por meio de advogado, alega certos argumentos que segundo entendem dão fundamento ao pedido, senão vejamos: a primeira alegação em tela vem a ser a da diferenciação terminológica entre "antecipação terapêutica do parto" e aborto. No conteúdo do processo, o representante legal da Confederação explica, enfaticamente, que a demanda em questão não tem relação com o aborto eugênico, cujo fundamento é o caso de feto portador de deficiência grave.

Nesse sentido, a antecipação terapêutica do parto estaria no domínio da medicina e do senso comum, de modo que não deveriam ser suscitadas questões morais, geralmente, atreladas ao tema do aborto. Com isso, o requerente apela à visão humanitária do Supremo Tribunal Federal frente ao dramático sofrimento vivenciado pelas gestantes e que se permita a atuação dos profissionais da saúde livre de impedimentos judiciais.

Em análise crítica à primeira alegação da CTNS, entende-se que não há como diferençar antecipação terapêutica do parto de aborto, sendo o feto com vida impedido de nascer, o termo cientificamente correto é aborto. Assim, o Código Penal prevê o caso de abortamento terapêutico ou necessário que vem a ser autorizado somente no caso de risco comprovado à vida da gestante (art. 128, I, do Código Penal).

Ainda sobre o mesmo assunto, o impetrante entende que para a caracterização do aborto, faz-se necessário que a morte do feto sobrevenha dos métodos abortivos adotados. Portanto, isso não ocorreria no caso da antecipação do parto de feto anencefálico, pois este não possui expectativa de vida extrauterina. Entretanto, ainda que o tempo de vida fora do útero materno que o anencéfalo apresenta seja pequeno e variável conforme o grau da anencefalia, ele existe e sendo retirado de seu ambiente natural morrerá como outro feto que seja saudável.

Outrossim, não competirá à Medicina, tampouco ao senso comum a decisão no tocante aos fetos anencéfalos, visto que é o Direito o responsável pela definição de parâmetros de convívio social. À Medicina caberá o estudo detalhado sobre a patologia e a pesquisa sobre a incidência, causas e possíveis formas de profilaxia.

Assim, como o próprio patrono da CNTS adverte que critérios morais não devem ser considerados, o senso-comum também pode ser prejudicial, pois normalmente, a opinião nacional se apresenta crivada de preconceitos. A Constituição não pode ser preterida como documento que expressa a vontade do povo, convalidando este pensamento, tem-se em seu preâmbulo:

> *Nós, representantes do povo brasileiro, reunidos em Assembleia Nacional Constituinte para instituir um Estado Democrático, destinado a assegurar o exercício dos direitos sociais e individuais, a liberdade, a segurança, o bem-estar, o desenvolvimento, a igualdade e a justiça como valores supremos de uma sociedade fraterna, pluralista e sem preconceitos, fundada na harmonia social e comprometida, na ordem interna e internacional, com a solução pacífica das controvérsias, promulgamos sobre a proteção de Deus, a seguinte CONSTITUIÇÃO DA REPÚBLICA FEDERATIVA DO BRASIL.*

Desse modo, defende-se o entendimento de que a ética deve sim estar configurando no debate acerca dos bebês anencéfalos. Diante de tantas teorias éticas a que se encontra subjacente ao texto constitucional é a correspondente aos direitos humanos, portanto, é a ética dos direitos humanos que deve prevalecer na discussão do caso em apreço.

6.1.2. A INVIABILIDADE DO FETO COMO CRITÉRIO DA ÉTICA UTILITARISTA

Em continuação à petição inicial da ADPF nº 54, a CNTS defende ainda a hipótese da inviabilidade do feto anencéfalo como motivação para que seja autorizada antecipação de seu parto, em clara vinculação ao princípio utilitarista já debatido neste trabalho.

A discussão sobre a viabilidade do feto enseja a eugenia negativa e pode suscitar outros questionamentos como a eutanásia, o uso de células-tronco embrionárias, nos quais se valer dos critérios de fragilidade da vida ou a utilidade para objetivos científicos não se demonstram compatíveis com o princípio da dignidade da pessoa humana positivado pelo ordenamento jurídico pátrio.

Relembre-se aqui o imperativo categórico Kantiano, segundo o qual os homens devem agir considerando a humanidade nunca como um meio, mas como um fim em si mesma. Será portanto, esse paradigma kantiano que influenciará a grande parte das Constituições ocidentais, aderindo-se ao princípio de dignidade da pessoa humana.

6.1.3. O PRINCÍPIO DE DIGNIDADE DA MÃE EM OPOSIÇÃO À DO FETO ANENCÉFALO

Seguindo na petição da ADPF nº 54, o advogado expõe as questões processuais relevantes, deste modo trata do cabimento da Arguição de Descumprimento de Preceito Fundamental como meio legítimo para aferição do pedido, estipulando o que considera os preceitos fundamentais vulnerados no caso em comento: o princípio da dignidade da pessoa humana (art. 1º, IV, da Constituição Federal); a cláusula geral da liberdade, extraída do princípio da legalidade (art. 5º, II, da Constituição Federal); e, o direito à saúde (arts. 6º e 196, da Constituição Federal).

Na contenda, encontra-se ainda, a referência ao princípio da dignidade da pessoa humana, neste caso aplicado à mulher. É interessante como um mesmo instituto jurídico é evocado para posicionamentos conflitantes, o que configura um dilema ético-jurídico. Contudo, tomando por base o objetivo da Bioética que vem a ser a defesa da vida fragilizada, entende-se que a do feto anencéfalo corresponde ao parâmetro apresentado, mais do que a mãe.

Ainda como defesa da dignidade da gestante é aventada a hipótese de que ela estaria sendo submetida à "tortura psicológica" e por tal motivo se enquadraria no dispositivo legal que veda o crime de tortura (art. 5º, inciso III, da Constituição Federal de 1988), *in verbis*: "ninguém será submetido a tortura nem a tratamento desumano ou degradante".

Entretanto, a Lei nº 9.455, de 07 de abril de 1997 assim define a tortura:

> *Art. 1º. Constitui crime de tortura: I – constranger alguém com emprego de violência ou grave ameaça, causando-lhe sofrimento físico ou mental: a) com o fim de obter informação, declaração ou confissão da vítima*

> *ou de terceira pessoa; b) para provocar ação ou omissão de natureza criminosa; c) em razão de discriminação racial ou religiosa; II – submeter alguém, sob sua guarda, poder ou autoridade, com emprego de violência ou grave ameaça, a intenso sofrimento físico ou mental, como forma de aplicar castigo pessoal ou medida de caráter preventivo.*

No mesmo sentido, a Convenção contra a Tortura e outros Tratamentos ou Penas Cruéis, Desumanos ou Degradantes:

> **Art. 1º.** *Para fins da presente Convenção, o termo "tortura" designa qualquer ato pelo qual dores ou sofrimentos agudos, físicos ou mentais, são infringidos intencionalmente a uma pessoa a fim de obter, dela ou de terceira pessoa, informações ou confissões; de castigá-la por ato que ela ou terceira pessoa tenha cometido ou seja suspeita de ter cometido; de intimidar ou coagir esta pessoa ou outras pessoas; ou por qualquer motivo baseado em discriminação de qualquer natureza; quando tais dores ou sofrimentos são infringidos por um funcionário público ou outra pessoa no exercício de funções públicas, ou por sua instigação, ou com o seu consentimento ou aquiescência. Não se considerará como tortura as dores ou sofrimentos que sejam consequência unicamente de sanções legítimas, ou que sejam inerentes a tais sanções ou delas decorram.*

Parece certo que o dispositivo legislativo atrela à tortura objetivos específicos, tais como obter declaração, confissão ou informação, bem como aplicação de castigo ou medida preventiva. Não é coerente entender que o Estado pretende infringir à gestante qualquer tipo de punição através da gravidez, que é ato natural decorrente da condição feminina. Portanto, o objetivo da Constituição é salvaguardar a vida, mas não há outro meio dela ser gerada senão no ventre materno.

Depois de instada a ADPF nº 54, o Procurador Geral da República à época, Cláudio Fonteles, expede o Parecer nº 3.358/CF em 18 de agosto de 2004. No parecer, o Procurador Geral entende pelo indeferimento do pleito, configurando como razões para a negativa, as que serão a seguir expostas.

Em primeiro lugar, quanto à solicitação da ADPF nº 54, pela interpretação conforme a Constituição da disposição referente ao aborto na legislação penal, concluindo que esta não se aplica ao caso de fetos portadores de anencefalia, Cláudio Fonteles crê que a condição específica não enseja interpretação conforme.

Explica o Procurador, citando Rui Medeiros:

> *A correlação da lei significa apenas correção da letra da lei, não podendo ser realizada quando os sentidos literais correspondem à intenção do legislador ou quando o resultado que se pretende alcançar não se harmonize com a teleologia imanente à lei. (...) A interpretação corretiva da lei em conformidade com a Constituição não se traduz, portanto, numa revisão da lei em conformidade com a Lei Fundamental.*[141]

Sendo assim, não compete ao juiz constitucional substituir-se ao legislador quando realiza a interpretação conforme a Constituição. Vale lembrar o princípio da separação de poderes e que, apesar da instituição do sistema de controle de constitucionalidade, este não poderá de forma deliberada sobrepor-se ao dispositivo legal.

Por conseguinte, compreende Cláudio Fonteles que os artigos 124 e 126 do Código Penal brasileiro, que tipificam a conduta do aborto, "bastam-se no que enunciam, e como estritamente enunciam". De modo que, as excludentes de ilicitude que dispõe o artigo 128 do Código Penal, expressam "sentido inequívoco e preciso", legalizando o aborto nas situações nas quais haja risco de vida para a gestante (aborto terapêutico), ou se a mãe engravidou em virtude de estupro (aborto sentimental).[142]

---

[141] MEDEIROS, Rui *apud* Parecer nº 3.358/CF, Procurador-Geral da República Cláudio Fonteles, Brasília, DF, 18 ago. 2004, p. 4 e 5. Disponível em http://www.sbdp.org.br/arquivos/material/62. Acesso em:08 ago 2008.

[142] Op. cit, p. 6.

Ainda, contra-argumentando a tese do autor da ADPF nº 54, Fonteles aponta o artigo 5º, *caput*, da Constituição Federal de 1988, para defender que o direito à vida é posto como marco primeiro. Ora, existindo vida intrauterina, o Procurador destaca o artigo 2º do Código Civil que protege os direitos do nascituro, desde a concepção.

Ademais, inclui no rol da defesa do feto o artigo 4º da Convenção Americana de Direitos Humanos (Pacto de São José da Costa Rica), que resguarda o direito de toda pessoa, "a partir do momento da concepção". Integrando também os dispositivos protetivos internacionais, cita o Preâmbulo da Convenção sobre os Direitos da Criança, *in verbis*: "a criança por falta da maturidade física e mental, necessita de proteção e cuidado especiais, aí incluída a proteção legal, tanto antes, como depois, do nascimento."

Posteriormente, Fonteles chega ao ponto central do problema, qual seja, o curto espaço de tempo que desfrutará o bebê anencéfalo, legitima a sua morte? O Procurador Geral da República responde que:

> *Se o tratamento normativo do tema, (...), marcadamente protege a vida, desde a concepção, por certo é inferência lógica, inafastável, que o direito à vida não se pode medir pelo tempo, seja ele qual for, de uma sobrevida visível. Estabeleço, portanto, e em construção estritamente jurídica, que o direito à vida é atemporal, vale dizer, não se avalia pelo tempo de duração da existência humana.*[143]

Por fim, sem desconsiderar o sofrimento materno diante de quadro tão difícil como o da gestação de feto anencéfalo, o Procurador-Geral da República infere que a dor não é comum a todas as gestantes. Assim, atento ao princípio jurídico da proporcionalidade, conclui que o direito à vida do feto, sobrepuja, o direito da gestante, pois a dor não será partilhada por todas as gestantes, mas todos os fetos anencéfalos terão suas vidas ceifadas, considerado este como um ser humano e não coisa.

---

[143] Op. cit, p. 9.

6.2. AUDIÊNCIA PÚBLICA PARA JULGAMENTO DO MÉRITO DO CASO DOS BEBÊS ANENCÉFALOS E O VOTO DO MINISTRO MARCO AURÉLIO

Antes da convocação da Audiência Pública, o Ministro do Supremo Tribunal Federal, Marco Aurélio, diante da requisição de medida acautelatória por parte da CNTS, que visa à suspensão do andamento de processos ou dos efeitos de decisões judiciais que tivessem como objetivo aplicar os preceitos do Código Penal, relativos ao crime de aborto, expede voto ainda no ano de 2004.

Um dos pressupostos adotados no voto do Ministro é o de que, mesmo sendo a vida um bem a ser preservado a qualquer custo, não acha justo deixar a mãe sofrendo por meses. Considera o Ministro Marco Aurélio que o determinismo biológico ao qual está sujeita a mulher a faz vivenciar a experiência da gravidez, que sendo esta normal é direcionada ao feliz desfecho de ver a criança nascer. Entretanto, pondera que como a natureza reserva surpresas desagradáveis, como o caso do feto anencéfalo, em que se verifica deformação irreversível, os avanços médicos tecnológicos disponíveis deveriam ser utilizados para fazer cessar os "sentimentos mórbidos".[144]

Antônio Jorge Pereira Júnior e Roberto Chacon de Albuquerque, assim se pronunciam quanto ao objetivo de se evitar o sofrimento da mãe de bebê anencéfalo:

> *Sob o nacional-socialismo pretendia-se "aliviar" a dor de uma "nação" vocacionada à grandeza, à beleza, à perfeição. Aqui, pretende-se aliviar a dor da mãe, à custa da eliminação do filho, reconfigurado como coisa ("algo"). Nos dois casos, há um encantamento pela estética plástica, aparente (não a estética autêntica, que está unida à ética das virtudes), em vista de um ideal de beleza sentimental e a sedução de um mundo sem dor e*

---

[144] STF. Medida Cautelar em Arguição de Descumprimento de Preceito Fundamental nº 54-8. Relator: Ministro Marco Aurélio. Brasília, 1º de julho de 2004. Disponível em <http://www.stf.jus.br>. Acesso em: 08 fev 2007.

sem feiúra. Nessa pretensão, o nascituro com anencefalia é um ser indigno de viver, pois causa dor e tem uma triste história de vida.[145]

Em continuação, o Ministro ainda alega que por ser a sobrevida do anencéfalo diminuta, ele não teria um tempo de vida "razoável". Além disso, destaca não haver como reverter o quadro da deficiência que o acomete.[146]

Estabelecer um período de vida razoável como faz crer o Ministro Marco Aurélio parece estar em consonância com as perspectivas da ética utilitarista, cujo objetivo é buscar o máximo de satisfação com o mínimo de dor, bem como toda sorte de meios que possibilitem esse resultado deve ser colocado em prática, sendo justamente o que refere o Ministro ao evocar a utilização da tecnologia na área médica. Contudo, de acordo com os parâmetros condizentes com a Bioética, não se deve instrumentalizar a vida de outra pessoa, mesmo que seu tempo de vida seja breve.

Segundo Antonio Pereira Júnior e Roberto Albuquerque, os fins não podem justificar os meios, assim para eles:

> *Na verdade, a gravidez de uma pessoa fadada a uma brevíssima vida nos afeta a todos: preferiríamos que não houvesse acontecido o "acidente" da anencefalia. A ideia de quem defende o aborto poderia ser resumida na seguinte expressão: "Posto que se deu, que morra o feto quanto antes para que saiamos desse pesadelo". Se dermos passo a essa ideia, logo mais ouviremos vozes propondo, na mesma linha, a eutanásia compulsória, a pedido dos parentes e de pessoas com graves doenças. De igual modo na Alemanha dos anos trinta, assistiu-se à ampliação progressiva das situações de esterilização, até chegar na eutanásia. Ocorre que, rompida a fron-*

---

[145] PEREIRA JUNIOR, Antonio Jorge; ALBUQUERQUE, Roberto Chacon. A guerra contra os mais fracos: a lei de prevenção de doenças hereditárias, o programa de eutanásia e o totalitarismo alemão. O aborto do anencéfalo no Brasil. *In*: MARTINS, Ives Gandra da Silva [Coord.]. **Direito Fundamental à Vida**. São Paulo: Quartier Latin/ Centro de Extensão Universitária, 2005, p. 476.

[146] STF, op. cit, p. 5.

teira ética, não há porque se deter em pouco. O mesmo se dará quanto à libertação eventual de aborto de feto com anencefalia.[147]

Remetendo-se à peça da inicial, o Ministro Marco Aurélio afirma que a gestante convive com a tristeza por todos os dias da gravidez de forma ininterrupta, acrescentando que o feto dentro de si, nunca se tornará um ser vivo.[148] Desse modo, para a defesa de sua tese, ressalta os princípios da liberdade, autonomia da vontade e dignidade humana, além da proteção à saúde.

No que se refere à necessidade de amparo à saúde, entende-se que em havendo qualquer tipo de risco à vida da mãe em virtude da gravidez, não há que se falar em autorização ao abortamento, porque a legislação pátria contempla a possibilidade de realizá-lo, ficando a cargo da equipe médica estabelecer quando necessário.

Já no que diz respeito à saúde mental, enfatiza-se aqui que não se pode olvidar do necessário acompanhamento psicológico diante de casos como o de gestação de anencéfalo, entretanto, esse não pode ser o único critério autorizador do aborto. Sobre o assunto, Pereira e Albuquerque entendem que:

> *O Poder Judiciário existe para solucionar conflitos entre* devidos *(direitos) nas relações humanas. Muitos dos problemas jurídicos estão envoltos em sentimentos*

---

[147] PEREIRA JUNIOR, Antonio Jorge; ALBUQUERQUE, Roberto Chacon. Op. cit, p. 485.

[148] Interessante expor os sentimentos das mães que não optam pela interrupção da gestação: "Lamentável o comentário do Ministro Marco Aurélio (STF) afirmando que a gestante convive com a triste realidade do feto, dentro de si, que nunca poderá se tornar um ser vivo. Fui mãe de uma criança com anencefalia e posso afirmar que durante nove meses de gestação convivi com um ser vivo, que se mexia, que reagia aos estímulos externos como qualquer criança no útero. Afirmo também que não existe dano à integridade moral e psicológica da mãe. O problema é que estamos vivendo numa sociedade hedonista e queremos extirpar tudo que nos cause o mínimo incômodo. Pensemos pois na decisão tomada, porque se estamos autorizando a morte dos que não conseguirão fazer história de vida, cedo ou tarde autorizaremos a antecipação do fim da vida dos que não conseguem se lembrar da sua história, como os portadores do mal de Alzheimer." (Ana Lúcia dos Santos Alonso Guimarães – Cataguazes-MG, O Globo, 9 jul. 2004. Cartas dos leitores *apud* PEREIRA JUNIOR, Antonio Jorge; ALBUQUERQUE, Roberto Chacon. A guerra contra os mais fracos: a lei de prevenção de doenças hereditárias, o programa de eutanásia e o totalitarismo alemão. O aborto do anencéfalo no Brasil. *In*: MARTINS, Ives Gandra da Silva [Coord.]. **Direito Fundamental à Vida**. São Paulo: Quartier Latin/ Centro de Extensão Universitária, 2005, p. 477).

adversos das partes envolvidas. A Justiça é chamada a agir, imparcialmente, devendo ater-se preferencialmente ao justo *antes de servir ao* desejado, *quando houver divórcio entre esses conceitos. Pede-se ao juiz essa capacidade de discernimento, para que não seja indevidamente envolvido pela dimensão afetiva de uma parte em detrimento da outra. Há o dever de imparcialidade. Sem essa postura, não acertará no joeirar do justo, do* devido *de cada um nesse acertamento. O juiz deve ponderar as situações e ver quais são os absolutos da situação concreta.* Ab soluto *é o totalmente sólido, impassível de ser diluído.*[149]

Com isso, tanto a dignidade da mãe, quanto a dignidade do feto devem ser consideradas no caso em apreço. O Judiciário não pode esquecer que se está tratando de um ser vivo, um ente que foi gerado do encontro de gametas de homem e mulher, disso não pode resultar outra coisa, que não um ser humano, transformá-lo em monstro é querer subtrair-lhe o princípio da dignidade, constitucionalmente resguardado. Há muitos outros bebês que nascem com diversos tipos de deformidades severas, eles também não seriam dignos de viver?

O Judiciário, em matéria de feto com anencefalia, deve cumprir a missão de olhar o devido, o justo, antes de buscar a estética dos sentimentos. A dor da mãe é visualmente mais patente que a do feto e muito mais nos dói vê-la sofrer. Enquanto isso, a estética da vida do feto com anencefalia é incômoda ("vida sem valor", diriam os nacional-socialistas). No entanto, ambos, mãe e filho, têm a dignidade que é o fundamento de todo o sistema jurídico: a dignidade humana, o *absoluto* no direito. Querer negar que o feto com anencefalia seja pessoa humana é forçar a realidade dos fatos.[150]

6.2.1. O ESTADO BRASILEIRO COMO UM ENTE LAICO

Em 2008, quatro anos após a impetração da ADPF nº 54, o Supremo Tribunal Federal convoca Audiência Pública para ouvir setores da sociedade a respeito do assunto dos bebês anencéfalos em razão da grande polêmica

---

[149] Op. cit, p. 478.

[150] Op. cit, p. 478.

que se encerra em torno do caso. A audiência teve início no dia 26 de agosto de 2008, sendo desdobrada em quatro sessões, correspondendo a quatro dias.

A representação jurídica na audiência estava composta pelo Advogado da CNTS, Luiz Roberto Barroso, e como procuradores do Estado estavam os legitimados da Advocacia Geral da União. Nem todos os Ministros do Supremo puderam comparecer, mas as sessões foram presididas pelo Ministro Marco Aurélio, relator da Arguição de Descumprimento de Preceito Fundamental.

Assim, o primeiro dia da audiência ficou marcado pela presença de representantes dos vários segmentos religiosos que compõem a nação brasileira. Portanto, estavam inscritos para se manifestar a Conferência Nacional dos Bispos do Brasil (CNBB), que solicitou a participação no processo da ADPF nº 54 na figura de *amicus curiae*, a Igreja Universal, a Associação Nacional Pró-Vida e Pró-Família, as Católicas pelo Direito de Decidir e a Associação Médico-Espírita do Brasil (AME).

Esses primeiros participantes constavam como os representantes da sociedade civil organizada, entretanto, apesar de ser louvável a abertura do espaço público para que o povo brasileiro se manifeste a respeito do assunto, o Brasil é um Estado laico e não pode fundamentar as decisões jurídicas que afetam a todos os cidadãos com base em critérios religiosos, mesmo porque as religiões não são unânimes quanto ao assunto.

O princípio da liberdade religiosa está garantido na Constituição Federal no Capítulo I dos direitos e deveres individuais e coletivos, assim é assegurado o exercício de cultos religiosos, conforme artigo 5º, inciso VI, *in verbis*: "é inviolável a liberdade de consciência e de crença, sendo assegurado o livre exercício dos cultos religiosos e garantida, na forma da lei, a proteção aos locais de cultos e suas liturgias". Contudo, o posicionamento a ser proferido pelo Supremo deve estar isento de convicções religiosas e morais.

Entretanto, considerando o fenômeno do constitucionalismo do século XXI, caracterizado pela superação do estrito positivismo e pelo desenvolvimento de uma dogmática principialista, identificada como pós-positivismo; dá-se ensejo a um novo paradigma responsável pela reaproximação entre Direito e Ética.

Portanto, entende-se que o julgamento do Supremo não pode se afastar de valores éticos já consagrados no ordenamento jurídico pátrio, bem como da ética dos direitos humanos que se consolidou, principalmente, a partir da Declaração Universal dos Direitos Humanos de 1948.

6.2.2. DA NÃO EQUIPARAÇÃO DA ANENCEFALIA À MORTE ENCEFÁLICA PARA EFEITOS DE TRANSPLANTE DE ÓRGÃOS

A segunda sessão da audiência pública, ocorrida no dia 28 de agosto de 2008, foi aberta para que as Associações Médicas pudessem esclarecer possíveis dúvidas que giram em torno da patologia do Defeito Aberto no Tubo Neural, especificamente, a malformação congênita da anencefalia.

Assim, estiveram presentes o representante do Conselho Federal de Medicina, Federação Brasileira das Associações de Ginecologia e Obstetrícia, Sociedade Brasileira de Medicina Fetal, Sociedade Brasileira da Genética Médica e Sociedade Brasileira para Progresso da Ciência. Além deles, também foram inscritos como participantes os Deputados José Aristodemo Pinotti e Luiz Bassuma, a Bióloga Lenise Aparecida Martins Garcia e a Antropóloga Débora Diniz.

Apesar do aspecto científico dado ao tema, os Médicos não foram unânimes no tocante aos estudos e pesquisas realizados sobre a malformação caracterizada pela anencefalia. Dessa forma, os profissionais da medicina se dividiram, basicamente, entre dois posicionamentos: os que consideravam ser o bebê anencéfalo um natimorto cerebral, associando a ele o critério de morte encefálica e os que mantiveram entendimento em sentido contrário.

Os que defendiam ser o anencéfalo um natimorto cerebral, fizeram uso da Resolução do CFM de número 1.752/04, publicada em 13 de setembro de 2004. No primeiro considerando a Resolução dispõe que:

> *Considerando os anencéfalos natimortos cerebrais (por não possuírem os hemisférios cerebrais) que têm parada cardiorrespiratória ainda durante as primeiras horas pós-parto, quando muitos órgãos e tecidos podem ter sofrido franca hipoxemia, tornando-os inviáveis para transplante.*

Interessante notar que a mesma Resolução, no seu segundo considerando estabelece que: "para os anencéfalos, por sua inviabilidade vital em decorrência da ausência de cérebro, são inaplicáveis e desnecessários os critérios de morte encefálica". Como conclusão, autoriza no art. 1º o transplante de órgãos e tecidos de anencéfalos, desde que haja o consentimento formal dos pais.

Em sentido complementar, os que entendem não se aplicar ao feto o critério da morte encefálica, ainda argumentam que sendo o encéfalo formado por córtex cerebral, bulbo e tronco-cerebral, o anencéfalo não se enquadraria no caso em questão porque apresenta os dois últimos componentes do encéfalo.

No que se refere ao termo utilizado na Resolução do CFM nº 1.752/04 para definir o feto anencéfalo, qual seja, natimorto cerebral, estabelece-se uma incongruência com a terminologia jurídica. Para o Direito, natimorto é o que nasce sem vida alguma, o bebê portador de anencefalia, no entanto, respira, mama e chora. Assim, para critérios de definição jurídica ele não pode ser tido como um natimorto.

Quanto à doação de órgãos e tecidos por parte dos bebês anencéfalos, vale acrescentar as observações constantes do parecer que foi solicitado em 03 de janeiro de 2006, à Comissão de Bioética do Hospital das Clínicas da Faculdade de Medicina da Universidade de São Paulo pelo Conselho Diretor do Instituto do Coração do mesmo Hospital.

O parecer 001/2006 da CoBi (Comissão de Bioética do Hospital das Clínicas da Faculdade de Medicina de São Paulo) teve Elma Pavone Zoboli por relatora e Maria Garcia como revisora, sendo aprovado pela CoBi em sessão de 14 de dezembro de 2006.

A relatora afirma que a possibilidade de doação de órgãos do bebê anencéfalo está condicionada a que se lhe ofereça suporte vital para que, antes da morte, não se deteriore e cause hipoxemia nos outros órgãos.[151] Para Elma Zoboli há um equívoco em tratar morte encefálica e anencefalia como sinônimos, e a partir daí utilizar como um pressuposto para considerar o anencéfalo um natimorto cerebral, como defenderam alguns médicos na referida audiência pública realizada no STF. Isso porque, em termos técnicos, a Organização Mundial da Saúde (OMS) define como natimorto o feto com mais de 500g de peso e que não tenha evidências de vida depois de nascer. O conceito parece estar em consonância àquele aplicado pelo Direito. Destarte, conclui Zoboli que como a criança anencéfala respira, mama e esboça movimentos, não está caracterizada pelo critério de ausência de evidências de vida após o nascimento.[152]

---

[151] Parecer 001/2006 da Comissão de Bioética do Hospital das Clínicas da Faculdade de Medicina da Universidade de São Paulo. COHEN, Cláudio; GARCIA, Maria [Org.]. **Questões de Bioética Clínica: pareceres da comissão de bioética do hospital das clínicas da faculdade de medicina da universidade de São Paulo**. Rio de Janeiro: Elsevier, 2007, p. 161.

[152] Op. cit, p. 162.

Ademais, a relatora traz à baila definição constante da Classificação Internacional de Doenças (CID) em que natimorto é tratado como o óbito fetal tardio e explica, tratar-se, portanto, do "óbito ocorrido antes da expulsão ou extração do corpo materno de um produto de concepção. Também não parece ser este o caso do anencéfalo".[153]

Outro dado importante vem a ser o fato de a relatora admitir como pressuposto do parecer a condição humana do feto, fazendo, inclusive, referência à Resolução do CFM que ao considerar o anencéfalo um natimorto, pressupõe-se ser ele um ser humano, uma vez que não há sentido lógico em determinar um agrupamento de células como natimorto.[154]

Por conseguinte, sendo o anencéfalo humano, ele goza de dignidade, princípio constitucionalmente garantido. Elma Zoboli assim se manifesta sobre o assunto:

> *A dignidade não admite privilégios ou privações, pois não é atributo outorgado, e sim qualidade inerente do ser humano, uma qualidade axiológica que não admite mais ou menos. É um a priori ético comum a todos os seres humanos que serve para incluir a todos, e não para excluir alguns que não interessam.*[155]

A desconsideração do caráter humano de um ser malformado como o anencéfalo, remete aos propósitos eugenistas do período nazista e se une às concepções utilitaristas da doutrina de Jeremy Bentham. Ainda com Zoboli, pode-se entender que:

> *No caso do anencéfalo, a desfiguração anatômica, as limitações funcionais, relacionais e a ausência de possibilidades de vida prolongada podem obscurecer, por vezes, o reconhecimento da dignidade humana nestes seres. É preciso caminhar com prudência e sabedoria*

---

[153] Op. cit, p. 162.

[154] Op. cit, p. 162.

[155] Op. cit, p. 163.

nestes casos para não se decidir por critérios utilitaristas, por mais bem intencionados que possam parecer.[156]

No regime nazista, o extermínio do povo judeu e também cigano foi justificado por uma condição de inferioridade dada àquela população. O povo alemão foi incitado por Hitler a acreditar que por suas características físicas mereciam dominar os que não compartilhavam do seu perfil superior, o discurso não passou de uma grande tática de guerra em que para combater o inimigo e explicar a necessidade de dominação é preciso desumanizá-lo, tornando-os tão inferiorizados que sequer podem possuir direito à vida. Assim, segundo Zoboli, negar a alguém seu direito à vida sob a alegação de que não é pessoa nos remete ao que revela Junges, a mesma "discussão bizantina do início da colonização em que se perguntava se o índio e o negro eram ou não pessoas, com o intuito de escravizá-los e discriminá-los em seus direitos inalienáveis".[157]

Portanto, diante das observações feitas no parecer, a relatora Elma Pavone Zoboli conclui pela admissão da realização do transplante, desde que autorizado pelos pais de doador e receptor, somente quando sobrevier a morte do anencéfalo, que seria reconhecida em razão de parada cardiorrespiratória. O critério de morte apontado, serviria em substituição ao de morte encefálica que advém da realização dos exames complementares exigidos, porque não há possibilidade de usar este critério, no caso específico do feto, o qual é exigido pela Lei que trata dos transplantes de órgãos (Lei nº 9.434 de 4 de fevereiro de 1997), *in verbis*:

> **Art. 3º.** *A retirada* post mortem *de tecidos, órgãos ou partes do corpo humano destinados a transplante ou tratamento deverá ser precedida de diagnóstico de morte encefálica, constatada e registrada por dois médicos não participantes das equipes de remoção e transplante,*

---

[156] Op. cit, p. 163.

[157] JUNGES, R. J. Bioética: perspectivas e desafios. São Leopoldo: Unisinos, 1999 *apud* Parecer 001/2006 da Comissão de Bioética do Hospital das Clínicas da Faculdade de Medicina da Universidade de São Paulo. COHEN, Cláudio; GARCIA, Maria [Org.]. **Questões de Bioética Clínica: pareceres da comissão de bioética do hospital das clínicas da faculdade de medicina da universidade de São Paulo.** Rio de Janeiro: Elsevier, 2007, p. 163.

mediante a utilização de critérios clínicos e tecnológicos definidos por resolução do Conselho Federal de Medicina.

No tocante à doação de tecido fetal para transplante, alertam Segre e Hossne[158] que "consideram-se inaceitáveis as práticas, realizadas em alguns centros médicos, inclusive no Brasil, em que se mantém em vida feto inviável, artificialmente, com o objetivo único de preservar a integridade dos tecidos a serem transplantados".[159]

A audiência pública teve continuidade nos dias 4 de setembro e 16 de outubro com mais representantes do poder público e setores da sociedade civil organizada convalidando o que já havia sido discutido nos dias anteriores.

---

[158] SEGRE, M; HOSSNE, W. S. O Aborto e o transplante de tecido fetal. Bioética. 1994;2(1) *apud* Parecer 001/2006 da Comissão de Bioética do Hospital das Clínicas da Faculdade de Medicina da Universidade de São Paulo. COHEN, Cláudio; GARCIA, Maria [Org.]. **Questões de Bioética Clínica: pareceres da comissão de bioética do hospital das clínicas da faculdade de medicina da universidade de São Paulo.** Rio de Janeiro: Elsevier, 2007, p. 164.

[159] Ainda sobre o uso de fetos para fins utilitários, há o caso da China que os utiliza depois de abortados para pesquisas: "Claudia Trevisan escreve de Pequim para a 'Folha de SP': Ao menos dois médicos chineses fazem há três anos transplante de células de fetos humanos para tratar doenças ligadas ao sistema nervoso central, como esclerose múltipla, e traumas na medula espinhal que levam à paralisia. A China é o único país do mundo que usa esse procedimento de modo institucionalizado, com fetos abortados e doados para as cirurgias. O aborto é permitido no país e pode custar pouco mais de US$60. Além disso, não há grupos religiosos ou movimentos antiaborto e o transplante de células de embriões é considerado legal. Os pacientes não voltam a andar nem ficam curados, mas apresentam diferentes graus de melhora após a operação. Nos casos de paralisia, pode haver pequena recuperação de movimentos, ampliação da área de sensibilidade e maior controle sobre funções fisiológicas. O transplante só pode ser feito se não houver rompimento total da medula espinhal.(...) Apesar das divergências, os dois médicos, que já trabalharam juntos, adotam o mesmo método de transplante. Ambos usam células gliais olfativas (OEC, na sigla em inglês), que têm a capacidade de regenerar as células nervosas. As OECs são extraídas do bulbo olfativo de fetos abortados no quarto ou quinto mês de gravidez e passam por uma cultura em laboratório por duas a três semanas. (...) A causa da esclerose múltipla é a perda da bainha de mielina, que protege as células nervosas e facilita a condução de impulsos, observa Xiu. A ausência da proteção lesiona o sistema nervoso e leva ao aparecimento de cicatrizes e à perda de funções motoras. As OECs usadas no transplante têm a capacidade de envolver novamente os neurônios e permitir a recuperação de sua atividade e da transmissão de impulsos nervosos entre as células." (China usa célula de feto para tratar nervo. **Jornal da Ciência**, 2004. Disponível em: <http://www.ghente.org/>. Acesso em: 8 dez. 2004).

6.3. ANTEPROJETO DO CÓDIGO PENAL E PROJETO DE LEI Nº 4.403/2004

O caso dos bebês anencéfalos não está em discussão somente na pauta dos Tribunais. A repercussão nacional sobre o assunto foi tamanha que provocou as esferas do poder Legislativo para que seja modificada a legislação atual pertinente ao tema.

Nesse propósito, há o Anteprojeto do Código Penal que visa acrescentar o inciso III ao já existente artigo 128 do Código Penal, como mais uma cláusula de ilicitude àquelas que contempla. Sendo assim, o novo texto busca incluir ao afastamento da punibilidade o aborto eugênico. Desse modo, o inciso III do Anteprojeto autorizaria o aborto quando há fundada probabilidade, atestada por dois outros médicos, de o nascituro apresentar graves e irreversíveis anomalias físicas ou mentais.

Evidente se torna, portanto, no conteúdo do texto que visa modificar o Código Penal a presença da eugenia negativa, porque, notadamente, no rol de anomalias físicas e mentais que sejam graves e irreversíveis, incluem-se um número incontável de patologias que acometem o gênero humano. Entretanto, o Projeto de Lei nº 4.403/2004 é mais específico, pois propõe o abortamento em caso de anencefalia somente. O problema está em que a decisão na ADPF é dotada de caráter vinculante e efeito *erga omnes* (contra todos). Além disso, o Anteprojeto do Código Penal, bem como o projeto de lei que busca legalizar o aborto em caso de anencefalia terá validade nacional. Com isso, sendo autorizado o abortamento pelo STF ou aprovados os projetos, o bebê anencéfalo não terá sequer direito à defesa do exercício do direito à vida, por meio do princípio do devido processo legal que assegura a Constituição Federal de 1988.

Considerações Finais

A guisa de conclusão, pode-se destacar que esta obra não teve a pretensão de configurar como uma defesa radical de um único posicionamento, mas propor reflexões que transcendem o aspecto meramente opinativo, valendo-se para tanto das várias vertentes que o tema suscita, tais como a biológica, jurídica, psicológica, filosófica e de direitos humanos, para, enfim, apresentar um ponto de vista, cientificamente balizado, com intuito de contribuir para a fértil discussão acadêmica que gira em torno do assunto.

Assim, a biotecnologia (tecnologia aplicada à ciência) tem apresentado avanços extraordinários, dentre eles a ultrassonografia, que permite ao Médico acompanhar o desenvolvimento do feto no seu estado intrauterino e, portanto, constatar malformações fetais como a anencefalia. Diante de diagnóstico tão devastador as gestantes solicitam ao poder judiciário autorização para que a gravidez seja interrompida. Dessa forma, o assunto, antes de caráter médico, é trazido à esfera jurídica para que seja devidamente solucionado.

Entretanto, o feto anencéfalo é um ser vivo, por isso, ao direito de liberdade da mulher se contrapõe o direito ao exercício da vida do feto, e para convalidar essa concepção é que se adotou a teoria concepcionalista que é claramente defendida pelo ordenamento jurídico pátrio conforme art. 2º do Código Civil, Pacto de São José da Costa Rica, bem como a Declaração Universal dos Direitos da Criança, ambos aceitos pelo governo brasileiro.

O objetivo principal neste trabalho foi o de defender o exercício do direito à vida do feto (art. 5º, da CF de 1988), por meio da aplicação do princípio do devido processo legal. Vale lembrar que tal princípio tem seu embrião inaugurado na Carta Magna de 1215 assinada pelo Rei João Sem terra, na qual concedia alguns direitos aos barões e ao clero inglês, no qual, para Fábio Konder Comparato, estaria a pedra angular da construção da democracia moderna.

Ademais, considerando o trinômio vida, liberdade e propriedade que constitui o aspecto genérico do princípio do *due process of law*, no qual são tutelados os bens da vida em seu sentido mais amplo, é que se propõe a nomeação de um curador que possa efetivamente representar o feto para que seu direito ao contraditório e ampla defesa sejam cumpridos.

Assim como a *Magna Carta* representa a luta pelo reconhecimento dos direitos dos homens livres, os direitos humanos foram sendo construídos ao longo da história da humanidade, e segundo Norberto Bobbio, passam ao status de direitos positivados com a Declaração Universal dos Direitos Humanos. A partir de então, surge no bojo doutrinário jurídico da Europa um movimento que acaba por modificar a hermenêutica jurídica, de maneira a possibilitar uma nova interpretação aos textos constitucionais, conhecido como Constitucionalismo do século XXI.

Tal fenômeno tem por características fundamentais um conjunto amplo de transformações ocorridas no Estado e no direito constitucional, em meio às quais podem ser destacadas, como marco histórico, a formação do Estado constitucional de Direito, cuja consolidação se deu ao longo das décadas finais do século XX; como marco filosófico, o pós-positivismo, com a centralidade dos direitos fundamentais e a reaproximação entre direito e ética; e como marco teórico, o conjunto de mudanças que incluem a força normativa da Constituição, a expansão da jurisdição constitucional e o desenvolvimento de uma nova dogmática da interpretação constitucional. Desse conjunto de fenômenos resultou um processo extenso e profundo de constitucionalização do Direito.

No que tange ao marco filosófico do pós-positivismo, ele foi afetado pelos horrores engendrados no holocausto da Segunda Guerra Mundial, que levaram à admissão do princípio da dignidade humana como corolário das Constituições Federais, que são a Lei Maior de uma nação. Além disso, a reaproximação do direito à ética, acaba por perpetrar a reaproximação do Biodireito à Bioética.

Ao estudar a ética, verifica-se que várias são as teorias que a compõem. Contudo, considerando a construção e afirmação histórica dos Direitos Humanos, bem como a positivação destes, além da adoção do princípio da dignidade humana como ponto fundamental da Constituição Federal brasileira, pode-se, então, concluir que no caso em apreço, qual seja, o da interrupção ou não da gravidez de fetos anencéfalos, além dos parâmetros da Bioética o judiciário e mesmo o legislativo brasileiro deve se pautar pela ética de Direitos Humanos. Tanto os Direitos Humanos, quanto a própria Bioética visam a proteger os entes mais fragilizados da sociedade, que nesse caso entendo tratar-se do bebê anencéfalo.

Sendo assim, no momento em que o Supremo Tribunal Federal decidir pela autorização do aborto de fetos anencéfalos, ou mesmo aprovar projetos de leis que o façam, ou pior, aprovando o aborto eugênico. Este ser, não terá mais direito sequer de defesa de um dos direitos fundamentais protegidos pela Constituição Federal que vem a ser o exercício do direito à vida, portanto, violando as garantias constantes do Estado Democrático de Direito, que são o princípio da dignidade humana e a prevalência dos direitos humanos.

Reafirmando o que foi acima aventado, a intenção deste trabalho de Dissertação não foi em nenhum momento de esgotar o assunto, mas tão somente de, por meio da pesquisa jurisprudencial e documental realizada, proporcionar aos operadores do direito, sejam os juízes, promotores, advogados, defensores públicos, a possibilidade de ter acesso a material que aborde as argumentações perpetradas em torno do assunto.

Portanto, também em respeito ao caráter transdiciplinar que esta obra buscou abarcar, não há como deixar de mencionar que ela possa servir aos meios profissionais correspondentes às demais áreas de conhecimento científico como a Psicologia, Medicina, Biologia e Sociologia, com o fulcro de demonstrar como o Direito, por meio da institucionalização do Biodireito Constitucional passa a tratar de temas tão polêmicos e ao mesmo tempo tão ricos e importantes para a sociedade atual.

Referências Bibliográficas

ABBAGNANO, Nicola. **Dicionário de Filosofia**; trad. Alfredo Bosi e Ivone Castilho Benedetti. 4ª ed. São Paulo: Martins Fontes, 2003.

ACQUAVIVA, Marcus Cláudio. **Dicionário Jurídico Brasileiro Acquaviva**. 11ª ed. São Paulo: Editora Jurídica Brasileira, 2000.

ANDRADE, Vander Ferreira de. **A Dignidade da Pessoa Humana: valor-fonte da ordem jurídica**. São Paulo: Cautela, 2007.

ARENDT, Hannah. **A Condição Humana**; trad. Roberto Raposo. 10ª ed. Rio de Janeiro: Forense Universitária, 2008.

ARISTÓTELES. **Ética a Nicômaco**; trad. Edson Bini. São Paulo: Edipro, 2002.

BARROSO, Luís Roberto. Neoconstitucionalismo e Constitucionalização do Direito: o triunfo tardio do direito constitucional no Brasil. **Revista de Direito Constitucional e Internacional**. Ano 15, jan/mar, 2007, nº 58, p. 129-173.

BASTOS, Celso Ribeiro. **Hermenêutica e Interpretação Constitucional**. São Paulo: Celso Bastos Editor: Instituto Brasileiro de Direito Constitucional, 1999.

BAUMAN, Zygmunt. **Ética Pós-Moderna**; trad. João Rezende Costa. São Paulo: Paulus, 1997.

BAUMAN, Zygmunt. **Vida para Consumo: a transformação das pessoas em mercadorias**; trad. Carlos Alberto Medeiros. Rio de Janeiro: Jorge Zahar Ed., 2008.

BITTENCURT, Renato Nunes. Introdução à ética. **Discutindo Filosofia**. São Paulo, Ano 2, nº 11.

BOBBIO, Norberto. **A Era dos Direitos**; trad. Carlos Nelson Coutinho. 6ª ed. Rio de Janeiro: Elsevier, 2004.

BOBBIO, Norberto. **O Positivismo Jurídico**; trad. Marcio Pugliese, Edson Bini, Carlos E. Rodrigues. São Paulo: Ícone, 2006.

BÖCKENFÖRDE, Ernst-Wolfgang. Dignidade humana como princípio normativo: os direitos fundamentais no debate bioético. *In*: SARLET, Ingo Wolfgang; LEITE, George Salomão. **Direitos Fundamentais e Biotecnologia**. São Paulo: Método, 2008, p. 59-76.

BONAVIDES, Paulo. **Curso de Direito Constitucional**. 19ª ed. São Paulo: Malheiros Editores, 2006.

BOTTON, Alain de. Entre a Lei e a Felicidade. **Folha de S. Paulo**. São Paulo, 31/08/1997.

BRASIL. Constituição (1988). Constituição da República Federativa do Brasil: promulgada em 5 de outubro de 1988: atualizada até a Emenda Constitucional nº 52, de 08-03-2006. 21. **Vade Mecum**. São Paulo: Saraiva, 2006.

BRASIL. Código Civil. Lei nº 10.406, de 10 de janeiro de 2002. **Vade Mecum**. 2ª ed. São Paulo: Saraiva, 2006.

BRASIL. Código de Processo Penal. Decreto-Lei nº 3.689, de 3 de outubro de 1941. **Vade Mecum**. 2ª ed. São Paulo: Saraiva, 2006.

BRASIL. Lei 8.069, de 13 de julho de 1990. Dispõe sobre o Estatuto da Criança e do Adolescente e dá outras providências. Disponível em http://www.planalto.gov.br/ccivil/LEIS/L8069.htm Acesso em: 01 nov 2008.

CARBONEL, Miguel. **Neoconstitucionalismos**. Madrid: Editorial Trotta, 2005.

CARDOSO, Maria Teresinha de Oliveira; MARGOTTO, Paulo R. Defeitos de Fechamento de Tubo Neural. Disponível em: www.medico.org.br. Acesso em: 12 nov. 2004.

China usa célula de feto para tratar nervo. **Jornal da Ciência**, 2004. Disponível em: <http://www.ghente.org/>. Acesso em: 8 dez. 2004.

CLEMENTE, Ana Paula Pacheco [Org.]. **Bioética no Início da Vida: dilemas pensados de forma transdisciplinar**. Petrópolis: Vozes, 2006.

COHEN, Cláudio; GARCIA, Maria [Org.]. **Questões de Bioética clínica: pareceres da comissão de bioética do Hospital das Clínicas da Faculdade de Medicina da Universidade de São Paulo**. Rio de Janeiro: Elsevier, 2007.

COMPARATO, Fábio Konder. **A Afirmação Histórica dos Direitos Humanos**. 5ª ed. rev e atual. São Paulo: Saraiva, 2007.

COMPARATO, Fábio Konder. **Ética: direito, moral e religião no mundo moderno**. São Paulo: Companhia das Letras, 2006.

CONRADO, Marcelo; CORRÊA, Elídia Aparecida de Andrade; GIACOIA, Gilberto [Coord.]. **Biodireito e Dignidade da Pessoa Humana**. Curitiba: Juruá, 2008.

COSTA JÚNIOR, Paulo José da. **Curso de Direito Penal**. São Paulo: Saraiva, 1991.

DALL'AGNOL, Darlei. **Bioética: princípios morais e aplicações**. DP&A, 2004.

DE CICCO, Cláudio. **História do Pensamento Jurídico e da Filosofia do Direito**. 3ª ed. reform. São Paulo: Saraiva, 2006.

DIMITRI, Dimoulis; MARTINS, Leonardo. **Teoria Geral dos Direitos Fundamentais**. São Paulo: Editora Revista dos Tribunais, 2007.

DINIZ, Débora. **Admirável Nova Genética: bioética e sociedade**. Brasília: UNB, 2005.

DINIZ, Maria Helena. **Dicionário Jurídico**. 2ª ed. São Paulo: Saraiva, 2005.

DINIZ, Maria Helena. **O Estado Atual do Biodireito**. São Paulo: Saraiva, 2002.

DIP, Ricardo Henry Marques; PENTEADO, Jaques de Camargo [Org.]. **A Vida dos Direitos Humanos: bioética médica e jurídica**. Porto Alegre: Sergio Antonio Fabris Editor, 1999.

DWORKIN, Ronald. **Domínio da Vida: aborto, eutanásia e liberdades individuais**; trad. Jeferson Luiz Camargo e Silvana Vieira. São Paulo: Martins Fontes, 2003.

FARIA, Maria do Carmo Bettencourt de. **Direito e Ética: Aristóteles, Hobbes, Kant**. São Paulo: Paulus, 2007.

FERNANDES, Maíra Costa. Interrupção de gravidez de feto anencefálico: uma análise constitucional. *In*: SARMENTO, Daniel; PIOVESAN, Flávia [Coord.]. **Nos Limites da Vida: aborto, clonagem humana e eutanásia sob a perspectiva dos direitos humanos**. Rio de Janeiro: Editora Lumen Juris, 2007, p. 111-158.

FERREIRA, Aurélio Buarque de Holanda. **Miniaurélio: o minidicionário da língua portuguesa**. Curitiba: Psigraf, 2004.

FIGUEIREDO, Lúcia Valle. Estado de Direito e devido processo legal. **Revista de Direito Administrativo**. Rio de Janeiro, nº 209, pp. 7-18, jul./set. 1997.

FOUCAULT, Michel. **Microfísica do Poder**; trad. Roberto Machado. 25ª ed. Rio de Janeiro: Edições Graal, 2008.

FOUCAULT, Michel. **Nascimento da Biopolítica**; trad. Eduardo Brandão. São Paulo: Martins Fontes, 2008.

FÜHRER, Maximiliano Roberto Ernesto; FÜHRER, Maximilianus Cláudio Américo. **Código Penal Comentado**. 2ª ed. São Paulo: Malheiros Editores, 2008.

GARCIA, Maria. **Limites da Ciência: a dignidade da pessoa humana e a ética da responsabilidade**. São Paulo: Editora Revista dos Tribunais, 2004.

HABERMAS, Jürgen. **O Futuro da Natureza Humana: a caminho de uma eugenia liberal?**; trad. Karina Janini e Eurides Avance de Souza. São Paulo: Martins Fontes, 2004.

HUXLEY, Aldous. **Admirável Mundo Novo**; trad. Lino Vallandro e Vidal Serrano. 2ª ed. São Paulo: Globo, 2003.

KANT, Immanuel. **Fundamentos da Metafísica dos Costumes**; trad. Lourival de Queiroz Henkel. Rio de Janeiro: Edições de Ouro, 1967.

LEITE, Fabiane. Em Suzano, a realidade das malformações congênitas. **O Estado de S. Paulo**, São Paulo, 31 ago. 2008. Vida, p. A31.

MARCHIONNI, Antonio. **Ética: a arte do bom**. Petrópolis: Vozes, 2008.

MARTINS, Ives Gandra da Silva; MARTINS FILHO, Ives Gandra da Silva; MARTINS, Roberto Vidal da Silva. **A Questão do Aborto: aspectos jurídicos fundamentais**. São Paulo: Quartier Latin, 2008.

MARTINS, Ives Gandra da Silva [Coord.]. **Direito Fundamental à Vida**. São Paulo: Quartier Latin/ Centro de Extensão Universitária, 2005.

MORRISON, Wayne. **Filosofia do Direito**; trad. Jefferson Luiz Camargo. São Paulo: Martins Fontes, 2006.

NEGRI, André Del. Devida hermenêutica constitucional. **Revista de Direito Constitucional e Internacional**. Ano 15, jan/mar, 2007, nº 58, p. 7-17.

O ABORTO DOS OUTROS. Carla Gallo (dir). Brasil: Olhos de Cão, 2008. 1 filme (72 min), 35mm.

OLIVEIRA, Manfredo A. de [Org.]. **Correntes Fundamentais da Ética Contemporânea**. 2ª ed. Petrópolis, RJ: Vozes, 2001.

OTERO, Paulo. **Personalidade e Identidade Pessoal e Genética do Ser Humano: um perfil constitucional da bioética**. Portugal: Almedina, 1999.

PEDRA, Adriano Sant'Ana. Transplante de órgãos e o biodireito constitucional. **Revista de Direito Constitucional e Internacional**. São Paulo, ano 15, nº 61, out/dez, 2007, p. 7-24.

PEGORARO, Olinto. **Ética dos Maiores Mestres através da História**. Petrópolis: Vozes, 2006.

PEGORARO, Olinto A. **Ética e Bioética, da subsistência à existência**. Petrópolis: Editora Vozes, 2002.

PEREIRA, Rodrigo da Cunha. **Afeto, Ética, Família e o Novo Código Civil**. Belo Horizonte: Del Rey, 2004.

PERRY, Michael. Protegendo direitos humanos constitucionalmente entrincheirados: que papel debe a suprema corte desempenhar? *In*: TAVARES, André Ramos [Coord.]. **Justiça Constitucional: pressupostos teóricos e análises concretas**. Belo-Horizonte: Fórum, 2007.

PIOVESAN, Flávia. **Direitos Humanos e o Direito Constitucional Internacional**. 9ª ed. rev., ampl. e atual. São Paulo: Saraiva, 2008.

PIOVESAN, Flávia. Direitos sexuais e reprodutivos: aborto inseguro como violação aos direitos humanos. *In*: SARMENTO, Daniel; PIOVESAN, Flávia [Coord.]. **Nos Limites da Vida: aborto, clonagem humana e eutanásia sob a perspectiva dos direitos humanos**. Rio de Janeiro: Editora Lumen Juris, 2007, p. 53-72.

PLATTS, Mark. **Dilemas Éticos**. México: Universidad Nacional Autónoma de México, 1997.

ROCHA, Renata. **O Direito à Vida e a Pesquisa em Células-Tronco**. Rio de Janeiro: Elsevier, 2008.

SABADELL, Ana Lucia; DIMOULIS, Dimitri. Constitucionalidade, moralidade e tratamento penal do aborto com consentimento da gestante. *In*: SARLET, Ingo

Wolfgang; LEITE, George Salomão [Coord.]. **Direitos Fundamentais e Biotecnologia**. São Paulo: Método, 2008, p. 325-350.

SANTOS, Maria Celeste Cordeiro dos. **O Equilíbrio do Pêndulo a Bioética e a Lei**. São Paulo: Ícone editora, 1998.

SARMENTO, Daniel; PIOVESAN, Flávia [Coord.]. **Nos Limites da Vida: aborto, clonagem humana e eutanásia sob a perspectiva dos direitos humanos**. Rio de Janeiro: Editora Lumen Juris, 2007.

SARLET, Ingo Wolfgang; LEITE, George Salomão. **Direitos Fundamentais e Biotecnologia**. São Paulo: Método, 2008.

SCHRAMM, F. Roland. Da bioética privada à bioética pública. **Saúde e Democracia: a luta do CEBES**.

SEMIÃO, Sérgio Abdalla. **Os Direitos do Nascituro: aspectos cíveis, criminais e do biodireito**. Belo-Horizonte: Del Rey, 1998.

SILVA, José Afonso da. **Curso de Direito Constitucional Positivo**. 17ª ed. São Paulo: Malheiros Editores, 1999.

SILVA, Reinaldo Pereira e. **Biodireito a Nova Fronteira dos Direitos Humanos**. São Paulo: LTr, 2003.

SILVA, Reinaldo Pereira e. **Introdução ao Biodireito: investigações político-jurídicas sobre o estatuto da concepção humana**. São Paulo: LTr, 2002.

TAYLOR, Charles. **Le Malaise de la Modernité**, trad. Charlotte Melançon. Paris: Les Éditions Du Cerf, 1994.

TAVARES, André Ramos. **Fronteiras da Hermenêutica Constitucional**. São Paulo: Editora Método, 2006.

VÉRAS NETO, Francisco Quintanilha. Direito romano clássico: seus institutos jurídicos e seu legado. *In*: WOLKMER, Antonio Carlos [Coord.]. **Fundamentos de História de Direito**. 2ª ed. Belo Horizonte: Del Rey, 2004, p. 113–152.

WOLKMER, Antonio Carlos [Org.]. **Fundamentos de História do Direito**. 2ª ed. Belo Horizonte: Del Rey, 2004.

ZUGAIB, Marcelo; PEDREIRA, Denise Araújo Lapa; BRIZOT, Maria de Lourdes *et al*. **Medicina Fetal**. 2ª ed. São Paulo: Editora Atheneu, 1997.

ANEXO 1

RESOLUÇÃO CFM Nº 1.752/04

(Publicada no D.O.U. 13.09.04, seção I, p. 140)

AUTORIZAÇÃO ÉTICA DO USO DE ÓRGÃOS E/OU TECIDOS DE ANENCÉFALOS PARA TRANSPLANTE, MEDIANTE AUTORIZAÇÃO PRÉVIA DOS PAIS

O Conselho Federal de Medicina, no uso das atribuições que lhe confere a Lei nº 3.268, de 30 de setembro de 1957, regulamentada pelo Decreto nº 44.045, de 19 de julho de 1958, e

CONSIDERANDO que os anencéfalos são natimortos cerebrais (por não possuírem os hemisférios cerebrais) que têm parada cardiorrespiratória ainda durante as primeiras horas pós-parto, quando muitos órgãos e tecidos podem ter sofrido franca hipoxemia, tornando-os inviáveis para transplantes;

CONSIDERANDO que para os anencéfalos, por sua inviabilidade vital em decorrência da ausência de cérebro, são inaplicáveis e desnecessários os critérios de morte encefálica;

CONSIDERANDO que os anencéfalos podem dispor de órgãos e tecidos viáveis para transplantes, principalmente em crianças;

CONSIDERANDO que as crianças devem preferencialmente receber órgãos com dimensões compatíveis;

CONSIDERANDO que a Resolução CFM nº 1.480/97, em seu artigo 3º, cita que a morte encefálica deverá ser consequência de processo irreversível e de causa conhecida, sendo o anencéfalo o resultado de um processo irreversível, de causa conhecida e sem qualquer possibilidade de sobrevida, por não possuir a parte vital do cérebro;

CONSIDERANDO que os pais demonstram o mais elevado sentimento de solidariedade quando, ao invés de solicitar uma antecipação terapêutica do parto, optam por gestar um ente que sabem que jamais viverá, doando seus órgãos e tecidos possíveis de serem transplantados;

CONSIDERANDO o Parecer CFM nº 24/03, aprovado na sessão plenária de 9 de maio de 2003;

CONSIDERANDO o Fórum Nacional sobre Anencefalia e Doação de Órgãos, realizado em 16 de junho de 2004 na sede do CFM;

CONSIDERANDO as várias contribuições recebidas de instituições éticas, científicas e legais;

CONSIDERANDO a decisão do Plenário do Conselho Federal de Medicina, em 8 de setembro de 2004,

RESOLVE:

Art. 1º. Uma vez autorizado formalmente pelos pais, o médico poderá realizar o transplante de órgãos e/ou tecidos do anencéfalo, após o seu nascimento.

Art. 2º. A vontade dos pais deve ser manifestada formalmente, no mínimo 15 dias antes da data provável do nascimento.

Art. 3º. Revogam-se as disposições em contrário.

Art. 4º. Esta resolução entrará em vigor na data de sua publicação.

Brasília-DF, 8 de setembro de 2004.

EDSON DE OLIVEIRA ANDRADE
Presidente

RUBENS DOS SANTOS SILVA
Secretário-Geral

Anexo 2

PARECER Nº 3358/CF

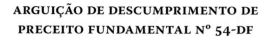

ARGUIÇÃO DE DESCUMPRIMENTO DE
PRECEITO FUNDAMENTAL Nº 54-DF

RELATOR : EXMO. SR. MINISTRO MARCO AURÉLIO

AGRAVANTE : CONFEDERAÇÃO NACIONAL
DOS TRABALHADORES NA SAÚDE – CNTS

EMENTA:

1. O pleito, como apresentado, não autoriza o recurso à interpretação conforme a Constituição: considerações.
2. Anencefalia. Primazia jurídica do direito à vida: considerações.
3. Indeferimento do pleito

1. A Confederação Nacional dos Trabalhadores na Saúde ajuíza arguição de descumprimento de preceito fundamental.

2. Considera "como **ato** do Poder Público causador da lesão o conjunto representado pelos arts. 124, 126, *caput*, e 128, I e II, do Código Penal" (petição inicial – **fls. 3** – **in fine**).

3. Fundamenta-se em que tal "conjunto normativo" vulnera a dignidade da pessoa humana (**artigo 1º, IV**), o princípio da legalidade, liberdade e autonomia da vontade (**artigo 5º, II**) e o direito à saúde (**artigo 6º,** *caput* e **196**) "todos da Constituição da República" (ainda: pórtico da petição inicial a **fls. 3**).

4. Desenvolve sua pretensão asseverando:
a) que a patologia da anencefalia "torna absolutamente **inviável a vida extra-uterina**" (**fls. 4**), daí porque não se está a falar do "aborto eugênico, cujo fundamento é eventual deficiência grave de que seja o feto portador. Nessa última hipótese, pressupõe-se a viabilidade **da vida extra-uterina do ser nascido**, o que não é o caso em relação à anencefalia" (nota de pé de páginas a **fls. 6,** da **petição inicial**);
b) "O que se visa, **em última análise,** é a **interpretação conforme a Constituição** da disciplina legal dada ao aborto pela legislação penal infraconstitucional, para explicitar que ela não se aplica aos casos de antecipação terapêutica do parto na hipótese de fetos portadores de anencefalia, devidamente certificada por médico habilitado" (petição inicial: **item 19** a **fls. 12**);
c) acentuando que "não há viabilidade de uma outra vida, sequer um nascituro" (**petição inicial: item 26** a **fls. 15**) "o foco da atenção há de voltar-se para o estado da gestante", para extrair que a permanência do feto no útero materno:
– fere a dignidade da pessoa humana na medida em que "a convivência diuturna com a triste realidade e a lembrança ininterrupta do feto dentro de seu corpo, que nunca poderá se tornar ser vivo, podem ser comparadas à tortura psicológica (petição inicial: **item 30** a **fls. 18**);
– fere o princípio da legalidade, porque " antecipação terapêutica do parte em hipóteses de gravidez de feto anencefálico não está vedada no ordenamento jurídico (**petição inicial: item 33** a **fls. 19**);

– fere o direito à saúde porque " a antecipação do parto em hipótese de gravidez de feto anencefálico é o único procedimento médico cabível para obviar o risco e a dor da gestante" (**petição inicial: item 35 a fls. 20**).

5. Cuidemos do alegado.

6. Estabeleço que o recurso **à interpretação conforme à Constituição, pedra de toque do pleito em exame**, conduz-nos à reflexão sobre **os limites** do uso deste instrumento na avaliação dos preceitos normativos.

7. Valho-me, aqui, dos precisos ensinamentos de Rui Medeiros – "A Decisão de Inconstitucionalidade: os autores, o conteúdo e os efeitos da decisão de inconstitucionalidade da lei –, postos no específico Capítulo II, desta obra, a versar sobre "O Conteúdo da Decisão de Inconstitucionalidade", e principio por reproduzir seu alerta, *verbis*:

> "Por outro lado, e agora quanto à relações entre os órgãos de fiscalização da constitucionalidade em geral e o legislador, **ninguém ignora que a interpretação conforme à Constituição se pode converter num meio de os órgãos de controle se substituírem ao legislador. "Perante os perigos da usurpação do conteúdo normativo-constitucional por um conteúdo legislativo apócrifo" salta à vista a importância da determinação dos limites da interpretação conforme à Constituição.** Este é, justamente, um dos domínios em que se joga a problemática do "activismo" ou da "criatividade" dos juízes constitucionais. **Há que impedir a transformação, ainda que com efeitos limitados ao caso concreto da pretensa interpretação adequadora em verdadeira e própria modificação da disposição fiscalizada".** A relevância da questão não pode ser subestimada com base na ideia de que quem tem competência para proferir uma decisão de inconstitucionalidade de um preceito legal pode, por maioria de razão, optar por uma decisão interpretativa. Com efeito, "quando o conteúdo atribuído à lei pelo órgão fiscalizador através do apelo à interpretação

conforme à Constituição contém **já não um minus, mas antes um aliud em face do conteúdo originário da lei", o órgão fiscalizador "intervém mais fortemente nas competências do legislador** do que nas hipóteses em que profere uma decisão de invalidade": enquanto após a decisão de invalidade da lei a nova conformação material positiva é realizada diretamente pelo legislador, no caso de decisão interpretativa tal tarefa é levada a cabo pelo próprio órgão fiscalizador. Este, mais do que interpretar a lei, corrige-a ou converte-a e, obviamente, a correcção e a conversão da lei atingem mais intensamente as competências do legislador do que a mera invalidação ou não aplicação da lei. "A admissibilidade de uma correcção intrínseca da lei" é, portanto, muito mais atentatória " da preferência legislativa constitucionalmente concretizadora do que a declaração ou reconhecimento de inconstitucionalidade." (obra citada – p. 300/1, grifei)

8. Embora **não** expresse adesão aos que consideram os sentidos literais possíveis da lei como o limite da interpretação conforme à Constituição – "Os sentidos literais possíveis não constituem, *de per si*, limites à interpretação **lato sensu corretiva da lei**, porque, nesta sede, **à letra se pode preferir o sentido** que a letra traiu" (obra citada – **p. 305**, grifamos), Rui Medeiros adverte, *verbis*:

> "Sobretudo, e este é o aspecto que importa aqui realçar, a relevância do cânone da interpretação conforme à Constituição não exclui, antes tem como pressuposto de sua correta consideração, **uma bem consciente demarcação dos níveis jurídico-constitucional e jurídico-legislativo ordinário**, não pretendendo anular **numa confusão de planos** a relativa autonomia hermenêutico-jurídico de ambos." (obra citada – p. 308, grifei)

9. E bem prosseguiu, *verbis*:

> "Por outro lado, como referiu Volker Haak em 1963, **o sentido inequívoco que a lei enquanto tal apresenta**,

abstraindo da conexão sistemática com a Constituição, **não pode ser posto em causa pela interpretação conforme à Constituição,** visto que o elemento sistemático-teleológico transcendente à lei permite sempre, *de per si*, o resultado conforme à Constituição e, por isso, para excluir o resultado conforme com o sistema é necessário buscar um limite fora do sistema. Se não fosse assim, nunca haveria leis inconstitucionais: a conversão da *ratio legis* ou do elemento teleológico (...) aos compromissos e ao espírito do sistema político-normativo constitucional, aliada à possibilidade de ultrapassar os sentidos literais possíveis, afastaria em sede interpretativa o problema das leis inconstitucionais. Uma tal conclusão seria, manifestamente, incompatível com a previsão pelo legislador constitucional do fenômeno da inconstitucionalidade da lei. **Os limites à interpretação em conformidade com a Constituição têm, portanto, de decorrer da interpretação da lei enquanto tal.**" (obra citada – p. 309/10, grifei)

10. Mesmo no campo das concepções subjetivas, ou objetivas, da interpretação, corretamente anotou Rui Medeiros, ***verbis*:**

"Mas, tanto numa linha subjectivista, como numa perspectiva eclética ou até, como demonstra a posição de Oliveira Ascensão ou de Volker Haak, objectivista moderada, aquilo que o legislador quis claramente e como querido, o declarou deve ser tomado como conteúdo da sua regulamentação. Por isso, pelo menos em princípio – ou, caso se perfilhe a posição de Robert Alexy, desde que não se apresentem motivos racionais capazes de anular as razões que determinam esses limites –, só quando a vontade do legislador não pode ser reconhecida em tais termos, está indicada uma interpretação conforme à Constituição. O apelo à Constituição em sede de interpretação em sentido estrito não pode neste sentido, contrariar a letra e a **intenção claramente reco-**

nhecida do legislador ou, numa versão mais restritiva, a intenção que está subjacente à tendência geral da lei ou às opções fundamentais nela consagradas." (obra citada – p. 312)

11. E contemplando o tema à luz das leis pré-constitucionais, **tal aqui acontece,** enfatiza Rui Medeiros, *verbis*:

"Em contrapartida, a reivindicação de um *objectivismo actualista* abre espaço para certas teorias que flexibilizam os limites da interpretação conforme à nova Constituição das leis pré-constitucionais. Não é por acaso que se fala neste tipo de leis. De facto, embora as lei pós-constitucionais com o decurso do tempo também se tornem leis antigas, as referidas teorias preocupam-se, sobretudo, em acentuar a possibilidade de a interpretação conforme à Constituição contrariar a intenção do legislador (histórico) nos casos em que a lei em causa haja sido editada sob um outro regime, tanto mais que o princípio da separação de poderes tem, aqui, um peso bastante menor. **Mas subsistem sempre limites**. Não é possível, por exemplo, uma interpretação conforme à Constituição de um regulamento proveniente do tempo do nacional-socialismo, portanto imbuído do pensamento próprio da Administração do Estado Totalitário, que em nenhum aspecto satisfazia as exigências de determinabilidade do Estado de Direito. Ou seja, e este é o aspecto que nos interessa sublinhar, mesmo que se perfilhe esta concepção, **deve ficar claro que está vedada aos juízes a 'feitura' de uma nova lei com conteúdo diferente da anterior: a interpretação conforme à Constituição não pode, em caso algum, converter-se em instrumento de revisão do Direito anterior à Constituição**. Só que, na perspectiva do *objectivismo actualista* agora referida, enquanto a vontade do legislador documentada através da história do preceito, pode eventualmente limitar a interpretação conforme à Constituição de leis pós-constitucionais (não podendo ser falsificada através da interpretação em conformidade com a Constituição), basta, em relação a leis anteriores à Constituição, que o novo entendimento seja admitido pela letra do preceito e não contrarie o sentido objectivo da lei." (obra citada – p. 314, grifei)

12. Em síntese, releva Rui Medeiros, *verbis*:

> "**A correlação da lei significa apenas correcção da letra da lei, não podendo ser realizada quando os sentidos literais correspondem à intenção do legislador ou quando o resultado que se pretende alcançar não se harmonize com a teleologia imanente à lei**. Para além disso, por mais desejável que se apresente uma alteração do sistema normativo, essa alteração pertence às fontes de direito, não ao intérprete (…). Razões extremamente ponderosas de segurança e de defesa contra o arbítrio alicerçam esta conclusão. Isto já para não falar do princípio da separação de poderes. A interpretação correctiva da lei em conformidade com a Constituição não se traduz, portanto, numa revisão da lei em conformidade com a Lei Fundamental." (obra citada – pp. 316/7)

13. Para concluir – e agora já no campo que Rui Medeiros dedicou às **decisões modificativas** e à reflexão sobre a jurisdição constitucional em sua função negativa, ou positiva, – é de se ler, *verbis*:

> "**III** – Pelo contrário, à semelhança de GOMES CANOTILHO, o nosso ponto de partida – que, como se verá, é confirmado por uma leitura global do sistema português de fiscalização da constitucionalidade – é o de que o **Tribunal Constitucional, entre nós, desempenha e não pode deixar de desempenhar fundamentalmente a função de *jurisdictio*: não é um legislador, ou, mesmo, superlegislador apócrifo**. Sem dúvida que a função jurisdicional não é já hoje, nem se poderá

mais compreender como a actividade de mera aplicação formal de um direito inteiramente dado. Mas à concreta realização do direito não compete a intencionalidade estratégica, reformadora e programática que corresponde aos poderes de direcção política e que no universo jurídico (melhor, político jurídico) será própria do legislador.

De facto, independentemente do significado que a tese do legislador negativo assume no modelo de justiça constitucional do Mestre de Viena e das objecções que podem ser dirigidas à visão Kelseniana da Constituição e do controlo da constitucionalidade, *a contenção* do controlo da constitucionalidade dentro dos limites do controlo negativo é justificada pelo princípio democrático e pelo princípio da separação e interdependência dos órgãos de soberania. O princípio da separação de poderes, embora não seja um princípio rígido, implica, no seu conteúdo essencial, a distinção entre legislação e jurisdição. O princípio democrático postula, por seu lado, que a decisão política seja tomada, directamente ou através de órgãos representativos politicamente responsáveis, pelo povo. A negação ou atenuação da separação entre legislação e jurisdição põe, inevitavelmente, em causa o próprio modelo democrático-representativo vigente. Como sublinha Vital Moreira, a jurisdição constitucional não está constitucionalmente

habilitada para usurpar o papel do legislador ordinário, expressão da maioria de governo, substituindo-se àquele nas escolhas constitucionalmente admissíveis (...) A ideia fundamental é a de que ao juiz constitucional só compete averiguar se a lei é ou não contrária à Constituição, mas não lhe compete substituir-se ao legislador na formulação das soluções conformes à Constituição. Aqui continuam a ter plena validade as limitações decorrentes do princípio da maioria e da separação de poderes. É à maioria democraticamente legitimada para governar que compete fazer as leis e não aos juízes, mesmo ao juiz constitucional. A este só compete verificar se aquele legislou contra a Constituição. A introdução de um sistema de fiscalização jurisdicional da constitucionalidade das leis não retira, portanto, à lei a sua posição de centralidade no ordenamento jurídico-constitucional. (obra citada – pp. 494/5, grifei)

14. Tudo assim posto, os textos normativos, apresentados pela autora, ensejam **a interpretação conforme**?

15. Por certo que não!

16. Os **artigos 124** e **126** tipificam, criminalmente, o aborto provocado pela gestante,
ou com seu consentimento (**124**) e o aborto provocado por terceiro (**126**).

17. Bastam-se no que enunciam, e como estritamente enunciam.

18. Aliás, injurídico, data venia, manusear-se com a interpretação conforme a dizer-se que **na definição dos tipos penais incriminadores**, não seja criminalizada tal situação.

19. No caso em estudo, **há norma específica,** a propósito, a do **artigo 128** e é para ela que há de se voltar o tema da interpretação conforme. Reconheceu-o, aliás, a própria petição inicial, em seu **item 9**, a **fls. 8,** *verbis*:

> "Note-se, a propósito, que a hipótese em exame **só não foi expressamente abrigada** no **art. 128** do Código Penal como excrudente de punibilidade (ao lado das hipóteses de gestação que ofereça risco de vida à gestante ou resultante de estupro) porque em 1940, quando editada a Parte Especial daquele diploma a tecnologia existente não possibilitava o diagnóstico preciso de anomalias fetais incompativa, com a vida. Não se pode permitir, todavia, que o anacronismo da legislação penal impeça o resguardo de direitos fundamentais consagrados pela Constituição, privilegiando-se o positivismo exacer-

bado em detrimento da interpretação evolutiva e dos fins visados pela norma". (grifei)

20. Portanto, os artigos 124 e 126 **passam muito ao largo da interpretação conforme**.

21. O artigo 128 não a alberga, outrossim.

22. As situações extintivas da antijuridicidade, que enuncia, apresentam **"o sentido inequívoco que a lei enquanto tal apresenta"**, para que sejam rememoradas as palavras de Rui Medeiros (**item 9**, deste parecer), **sentido inequívoco e preciso, que se completa,** e legaliza o aborto:
a) para que **a mãe não morra (aborto terapêutico);**
b) se a mãe, vítima de estupro, consente no aborto (**aborto sentimental**).

23. A situação de anencefalia não se coaduna, por óbvio, nessas situações

24. O feto anencéfalo não causa a morte da mãe. Afasta-o a própria petição inicial.

25. Se causasse tal situação, ter-se-ia diante o aborto terapêutico.

26. Quanto ao aborto sentimental não há discrepância na abalizada doutrina penal de que sua compreensão **é limitadíssima** à hipótese que enuncia: gravidez resultante de estupro. De se ler, Heleno Claudio Fragoso, ***verbis:***

> "O aborto sentimental (que se realiza em consequência de um crime) todavia não se confunde com o aborto eugênico (conveniência de evitar procriação indesejável) ou com o aborto por indicação social (miséria ou dificuldades econômicas dos pais), que são sempre criminosos perante nossa lei.
> A exclusão do crime depende aqui do **prévio consentimento** da ofendida ou de seu representante legal (se for incapaz), devendo o médico certificar-se da existência de estupro (e não de outro crime sexual). **Trata-se de norma excepcional, que não admite interpretação analógica. Não pode ser ampliada para legitimar o aborto**

quando a mulher foi vítima de outro crime, como, por exemplo, o de sedução." (*in* : **Lições de Direito Penal**, 7ª ed., p. 123 – grifos do original e meu)

27. Por tais considerações, **lugar não há a que se cogite de interpretação conforme a Constituição** nos textos apresentados.

28. Para encerrar este tópico, ainda uma vez com Rui Medeiros, ***verbis*:**

> "Daí a importância da afirmação da regra de que "o Tribunal Constitucional só pode declarar (ou não declarar) a inconstitucionalidade (ou ilegalidade) da norma em causa, mas não pode substituí-la por outra norma por ele criada (...) A função do Tribunal Constitucional é uma função de controle, de carácter essencialmente negativo (...) **Ele é um contralegislador e não outro legislador**." (obra citada – **p. 496** – grifei)

29. Passo a outra linha de argumentação, e sustento que a vingar a tese do autor, sacrificado está o direito à vida.

30. Com efeito, está no ***caput***, do **artigo 5º,** da Constituição Federal, que abre o Título alusivo aos "Direitos e Garantias Fundamentais, ***verbis*:**

> "**Art. 5º.** Todos são iguais perante a lei, sem distinção de qualquer natureza, **garantindo-se** aos brasileiros e aos estrangeiros residentes no País **a inviolabilidade do direito à vida...**" (grifei)

31. Portanto o **direito à vida é posto como marco primeiro**, no espaço dos direitos fundamentais.

32. O autor desta ação tem por tema central do pleito o fato de que nos casos de anencefalia não há possibilidade de vida extra-uterina, então razão não há a que permaneça a gestação.

33. Mas se há normal processo de gestação **vida intra-uterina existe**.

34. E nos caos de anencefalia **há o normal desenvolvimento físico do feto**: formam-se seus olhos; nariz; ouvidos; boca; mãos, enfim o que lhe permite sentir, e também braços; pernas; pés; pulmões; veias; sangue que corre, o coração.

35. Ora, o **artigo 2º** de nosso Código Civil, **justo por não obscurecer esta realidade da vida que se forma** no ventre materno, é textual, **verbis**:

> "Art. 2º. A personalidade civil da pessoa começa do nascimento com vida, mas a lei **põe a salvo, desde a concepção, os direitos do nascituro**". (grifei)

36. O **artigo 4.1** da Convenção Americana sobre Direitos Humanos é, igualmente textual, *verbis*:

> "Toda pessoa tem direito a que se respeite sua vida. Este direito estará protegido pela lei, no geral, **a partir do momento da concepção**." (grifei)

37. A Convenção sobre os Direitos da Criança, no seu **artigo 1º**, reconhece **o direito intrínseco à vida** que tem todo ser humano concebido. O Preâmbulo desta Convenção **é claro, *verbis***:

> "a criança por falta da maturidade física e mental, necessita de proteção e cuidado especiais, aí incluída a proteção legal, **tanto antes,** como depois, **do nascimento.**"

38. Portanto, **os diplomas legais**, tanto do direito interno, quanto internacional, **estabelecem que vida há, desde a concepção**.

39. Eis porque não se revela correta a afirmação do il. advogado da autora quando, a buscar fazer prevalecer o direito da gestante, registrou que:

> "... por fatalidade, não há viabilidade de uma outra vida, **sequer um nascituro,** cujo interesse se possa eficazmente proteger". (**item 26**, da petição inicial a **fls. 15**)

40. Ora, o próprio dicionarista Aurélio Buarque de Holanda, trazido à colação pelo il. advogado em nota de pé de página sobre a transcrição retro é textual em definir o nascituro como **o ser humano já concebido, cujo nascimento se espera como fato futuro certo.**

41. O bebê anencéfalo, **por certo nascerá.**

42. Pode viver segundos, minutos, horas, dias, e até meses. Isto é inquestionável!

43. E aqui o ponto nodal da controvérsia: **a compreensão jurídica do direito à vida legitima a morte, dado o curto espaço de tempo da existência humana?**

44. Por certo que não!

45. Se o tratamento **normativo** do tema, como vimos (**itens 34/37,** deste parecer), **marcadamente protege a vida, desde a concepção,** por certo é **inferência lógica,** inafastável, que **o direito à vida não se pode medir pelo tempo, seja ele qual for, de uma sobrevida visível.**

46. Estabeleço, portanto, **e em construção estritamente jurídica, que o direito à vida é a temporal,** vale dizer, **não se avalia pelo tempo de duração da existência humana.**

47. E se assim o é, e o é afetivamente, dada a clareza dos textos normativos importa prosseguir, e indagar, então: a dor temporal da gestante é causa bastante a obscurecer, **e então relativizar,** a compreensão jurídica do direito à vida, como venho de assentar?

49. Estou em que não!

50. De pronto, não são todas as gestante que, por sua dor, almejam livrar-se do ser humano, que existe em seus ventres maternos.

51. Há, outras também, gestantes, que, se experimentam a dor, superam-na e, acolhendo a vida presente em seu ser, deixam-na viver, pelo tempo possível.

52. Digo isso para assentar que a dor da gestante **não é comum a todas as gestantes,** de sorte que, e atento ao **princípio jurídico da proporcionali-**

dade, a temporalidade do direito à vida, como desenvolvi nos **itens 42/45**, retro, **sobrepuja**, por essa perspectiva, o direito da gestante não sentir a dor, posto que a dor **não será partilhada por todas as gestantes,** ao passo que **todos os fetos** anencefálos terão suprimidas suas vidas.

53. É de se reconhecer, outrossim, **e mantido o raciocínio na ponderação de bens**, que por certo o sofrer uma dor, mesmo que intensa, não ultrapassa o por cobro a uma vida, que existe, intra-ulterina, e que, seja sempre reiterado, goza de toda a proteção normativa, tanto sob a ótica do direito interno, quanto internacional.

54. O feto no estado intra-uterino é ser humano, não é coisa!

55. Noutro giro de argumentação, é de se ter presente que o **artigo 3º, inciso I** da Constituição de nossa República expressa como objetivo seu, perene, *verbis*:

"I – construir uma sociedade livre, justa e **solidária**." (grifei)

56. Ora, o pleito da autora, titulado por órgão que representa profissionais da área da saúde, **impede possa acontecer a doação de órgãos do bebê anencéfalo a tantos outros bebês** que, se têm normal formação do cérebro, todavia têm **grave** deficiência nos olhos, nos pulmões, nos rins, no coração, **órgãos estes plenamente saudáveis no bebê anencéfalo,** cuja morte prematura frustará a vida de outros bebês, assim também condenados a morrer, ou a não ver.

57. O pleito da autora, por certo, **vai na contra-mão da construção da sociedade solidária** a que tantos de nós, brasileiras e brasileiros, aspiramos, **e o ser solidário é modo eficaz de instituir a cultura da vida.**

58. Quer por ser injurídico, no caso apresentado, o recurso à interpretação conforme a Constituição, quer pela primazia **jurídica** do direito à vida, como aqui desenvolvida, o pleito é de ser **indeferido**.

Brasília, 18 de agosto de 2004.

CLAUDIO FONTELES
PROCURADOR-GERAL DA REPÚBLICA